Alexandre, o Grande

Thomas R. Martin
Christopher W. Blackwell

Alexandre, o Grande

Um homem e seu tempo

Tradução:
Maria Luiza X. de A. Borges

Dedicamos este livro a nossos alunos, que exigem que reconsideremos o passado, e a nossas famílias, que são nossa alegria no presente e nossa melhor esperança para o futuro.

Título original:
Alexander the Great
(The Story of an Ancient Life)

Tradução autorizada da primeira edição americana,
publicada em 2012 por Cambridge University Press,
de Nova York, Estados Unidos.

Copyright © 2012, Thomas R. Martin e Christopher W. Blackwell

Copyright da edição brasileira © 2020:
Jorge Zahar Editor Ltda.
rua Marquês de S. Vicente 99 – 1º | 22451-041 Rio de Janeiro, RJ
tel (21) 2529-4750 | fax (21) 2529-4787
editora@zahar.com.br | www.zahar.com.br

Todos os direitos reservados. A reprodução não autorizada desta publicação,
no todo ou em parte, constitui violação de direitos autorais. (Lei 9.610/98)

Grafia atualizada respeitando o novo
Acordo Ortográfico da Língua Portuguesa

A editora não se responsabiliza por links ou sites aqui indicados, nem pode garantir que
eles continuarão ativos e/ou adequados, salvo os que forem propriedade da Zahar.

Preparação: Angela Ramalho Vianna | Revisão: Édio Pullig, Tamara Sender
Indexação: Gabriella Russano | Capa: Sérgio Campante
Foto da capa: © Alinari Archives/Getty Images

CIP-Brasil. Catalogação na publicação
Sindicato Nacional dos Editores de Livros, RJ

M334a   Martin, Thomas R., 1947-
         Alexandre, o Grande: um homem e seu tempo/Thomas R. Martin,
         Christopher W. Blackwell; tradução Maria Luiza X. de A. Borges. –
         1.ed. – Rio de Janeiro: Zahar, 2020.

         Tradução de: Alexander the Great: the story of an ancient life
         Inclui índice
         ISBN 978-85-378-1867-1

         1. Alexandre, o Grande, 356-323 a.C. 2. Grécia – História – Expansão
da Macedônia, 359-323 a.C. 3. Grécia – Reis e governantes – Biografia. I. Blackwell, Christopher W. II. Borges, Maria Luiza X. de A. III. Título.

19-61762

CDD: 923.1
CDU: 929.731

Meri Gleice Rodrigues de Souza – Bibliotecária – CRB-7/6439

Sumário

Introdução: O objetivo deste livro 7
Mapa 1: Grécia europeia, Macedônia e terras do norte 9
Mapa 2: Expedição de Alexandre 10

1. O mundo em que Alexandre nasceu e sua instrução em literatura e na guerra (anos 350 e 340 a.C.) 11

2. Oportunidades e riscos na adolescência (anos 340-338 a.C.) 33

3. O perigo de herdar o trono de um pai assassinado (337-335 a.C.) 53

4. As primeiras batalhas contra o exército persa (334-332 a.C.) 76

5. O encontro com deus no Egito e a tomada das riquezas da Pérsia (332-330 a.C.) 102

6. A conquista do mundo como rei da Ásia (330-329 a.C.) 129

7. Assassinato, casamento e mistura de costumes no Afeganistão (329-327 a.C.) 154

8. Vitória e frustração na Índia (327-326 a.C.) 176

9. Retorno à Babilônia e divinização (326-323 a.C.) 200

10. Lembrando e julgando Alexandre (323 a.C.-atualidade) 225

Sugestões de leitura 249
Agradecimentos 251
Índice remissivo 253

Introdução
O objetivo deste livro

AUTORES ANTIGOS CONCORDAM que Alexandre foi extraordinário, assemelhando-se mais a um deus que a um ser humano aos olhos de todos – especialmente aos seus próprios olhos. Ao escrever esta breve biografia para não especialistas, aceitamos a palavra desses autores com base no que parece plausível à nossa compreensão (necessariamente limitada) do tempo e do lugar de Alexandre. Nosso livro apoia-se, portanto, no pressuposto de que se deve atribuir grande peso às opiniões dos antigos; do contrário, a história da vida de Alexandre não fará absolutamente nenhum sentido. Estamos, por conseguinte, divergindo da abordagem de alguns eminentes estudos modernos sobre Alexandre, em especial da opinião que rejeita o valor de se compor a biografia de um homem tão enigmático. Estamos escrevendo a história de uma vida antiga.

Guiados por esse objetivo, dedicamos especial atenção à literatura grega antiga que Alexandre apreciava como fonte de inspiração e reflexão. Seu conhecimento desses textos alcançava uma profundidade que a era moderna tem dificuldade de apreciar: até o fim de sua vida, quer estivesse sóbrio ou ébrio, ele era capaz de reconhecer, citar e até encenar passagens dos autores que tanto significavam para ele, em especial Homero e Eurípedes. Os vestígios que nos restaram dessa literatura oferecem pistas do significado de palavras e ações de Alexandre, e tentamos incluir essas evidências com frequência (e haveria ainda outras ações num livro mais longo!). Ao enfatizar – em nossa busca de compreender o mundo, o status e as ações de Alexandre – a confiança que ele depositava nesses textos, esperamos contribuir para o retorno a uma tradição de interpretação de sua figura que propõe uma visão mais baseada em fontes do que a tendência moderna, presente em alguns estudos, de ver Alexandre como pouco mais que um assassino em massa patológico.

Esta biografia esforça-se para mostrar que Alexandre, como a maior parte das pessoas de seu tempo e lugar, concebia um caráter digno como aquele fundado nos árduos valores de desempenho, respeito, honra e lealdade. Ideais do Ocidente moderno acerca do que produz um bom caráter podem parecer atribuir menos valor a esses traços, mas Alexandre não era um homem moderno, para o bem e para o mal. Tentamos evitar a arrogância do julgamento moral que uma modernidade presunçosa pode transmitir. Em nossa ponderada opinião, aqueles que relembram a história dos séculos XIX e XX, e o curso do século XXI até agora, têm poucas razões para se sentir moralmente superiores quando comparados a outros tempos e lugares da história humana. Esperamos sinceramente que o futuro venha a provar que Steven Pinker e os que concordam com ele estão corretos ao pensar que os "melhores anjos de nossa natureza" estão tornando nosso mundo menos violento do que foi no passado. Mas, inspirados por Alexandre e recordando nossa literatura grega antiga, tememos a nêmesis, o castigo que inevitavelmente se segue à *hybris*, o orgulho injustificado e hipócrita pela própria superioridade moral que talvez seja ainda mais perigoso no mundo moderno do que era no antigo.

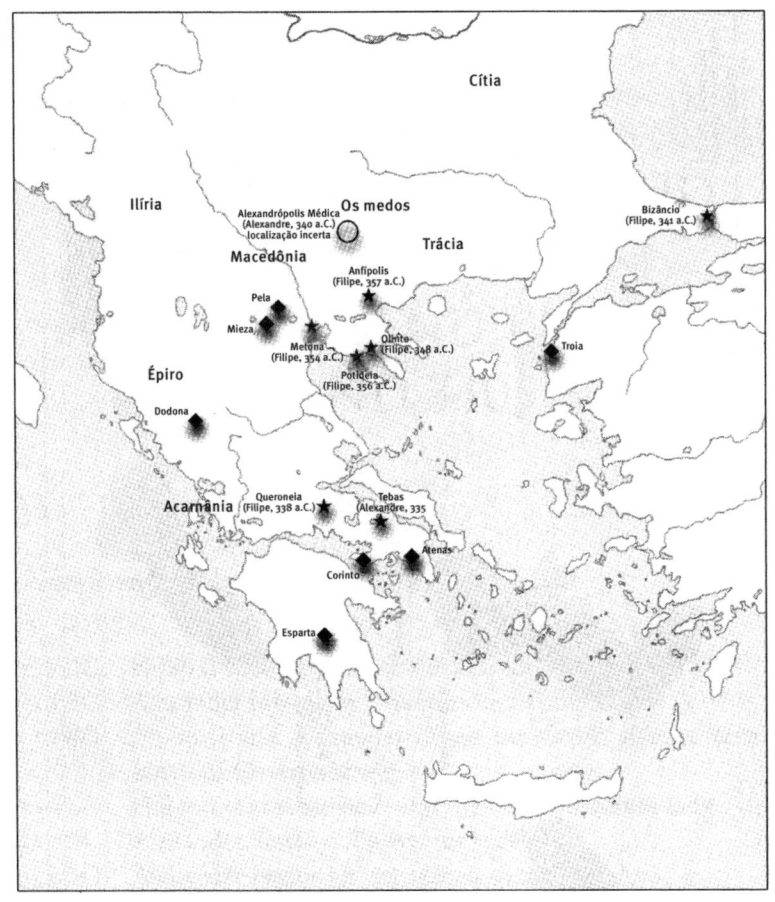

Mapa 1: Grécia europeia, Macedônia e terras do norte

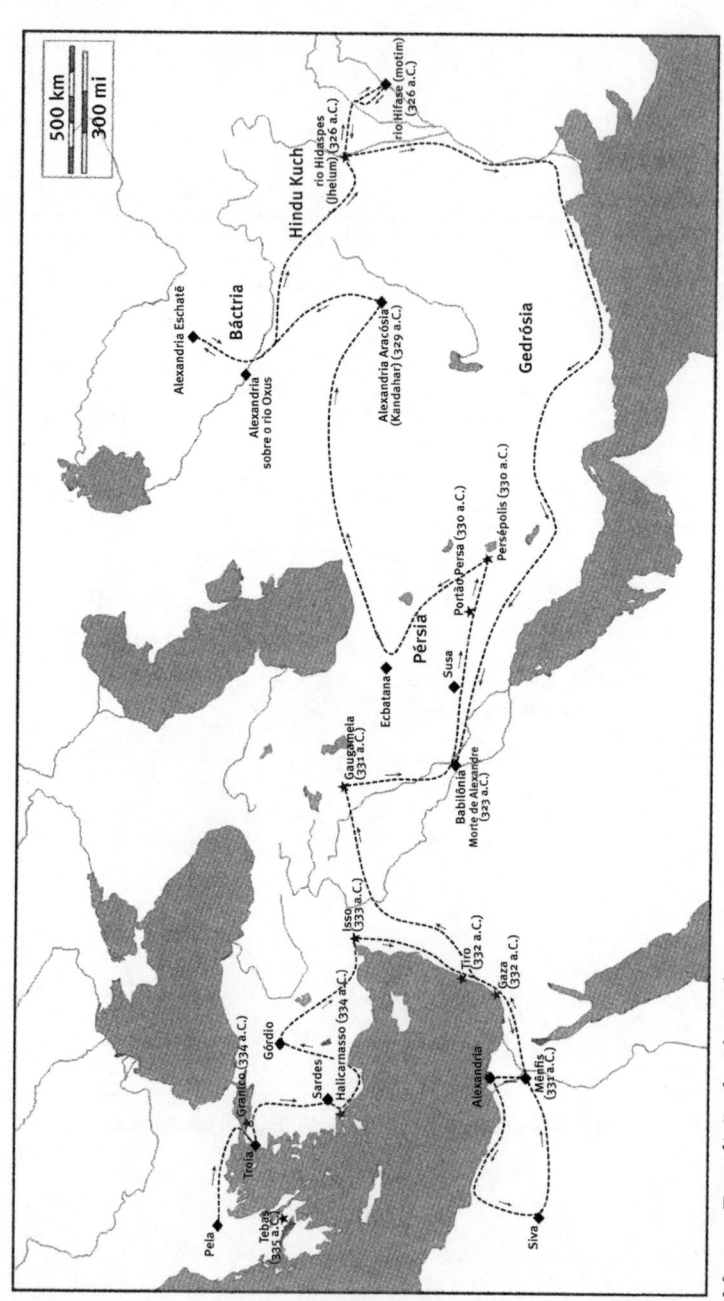

Mapa 2: Expedição de Alexandre

1. O mundo em que Alexandre nasceu e sua instrução em literatura e na guerra (anos 350 e 340 a.C.)

§ 1.

Cronologia da vida de Alexandre

359 a.C. Filipe II torna-se rei dos macedônios.
356 a.C. Nasce Alexandre, filho de Olímpia e Filipe II.
338 a.C. Filipe II e Alexandre derrotam a aliança grega na Batalha de Queroneia.
336 a.C. Filipe é assassinado e Alexandre torna-se rei.
335 a.C. Alexandre destrói Tebas por rebelar-se.
334 a.C. Alexandre inicia sua expedição para conquistar a Ásia.
333 a.C. Alexandre derrota o rei da Pérsia na Batalha de Isso.
332 a.C. Alexandre toma Tiro após longo cerco.
331 a.C. Alexandre é coroado faraó no Egito; derrota novamente o rei persa na Batalha de Gaugamela.
330 a.C. O palácio persa em Persépolis é destruído num incêndio pelo qual Alexandre é responsável.
329 a.C. Alexandre chega à Báctria (atual Afeganistão).
328 a.C. Alexandre mata Cleito numa briga de bêbados.
327 a.C. Alexandre casa-se com Roxane, filha de um soberano bactriano.
326 a.C. O exército de Alexandre no rio Hifase recusa-se a continuar marchando para leste, rumo à Índia.

324 a.C. Alexandre volta à Pérsia marchando através do deserto de Gedrósia; ele e muitos de seus comandantes desposam noivas persas em Susa.

323 a.C. Alexandre morre na Babilônia.

ALEXANDRE NASCEU NO ANO de 356 (todas as datas são a.C., a menos que se indique o contrário) na Macedônia, a região de montanhas, planícies e rios entre a Grécia (ao sul e a leste) e as regiões ainda mais montanhosas dos Bálcãs (ao norte, oeste e nordeste). Uma família real governava a Macedônia, e o pai de Alexandre, Filipe, era o rei. Para manter seu poder, o rei macedônio tinha continuamente de angariar apoio dos chefes extremamente orgulhosos que dominavam a região. Esses chefes consideravam-se iguais à família real em termos sociais, e cada um tinha muitos homens locais prontos a segui-lo para a batalha. A fim de conservar-se bem-sucedido, o rei dos macedônios devia vencer uma constante competição por status em meio a essa elite social. Filipe e seus ancestrais buscavam legitimar o status real afirmando compartilhar a mesma herança étnica que os gregos. A maioria dos gregos da época discordava, vendo os macedônios como bárbaros. Para os gregos, os bárbaros eram definidos como pessoas que não falavam grego; podiam ser corajosos ou nobres, mas, na competição por status cultural e pessoal que definia o mundo de Alexandre, os bárbaros, aos olhos dos gregos, eram por definição menos elite.

Para os gregos, a mãe de Alexandre, Olímpia, também era bárbara, porque vinha do Épiro, região a oeste da Macedônia. Mas Olímpia era nobre (e rica), oriunda de uma família que afirmava descender de Aquiles, a quem Homero tornara famoso na *Ilíada* como o melhor dos guerreiros gregos na época da guerra de Troia. A família de Filipe também era real e muito antiga, descendendo de Héracles (chamado Hércules pelos romanos). Héracles era o ser humano mais famoso no mundo grego; a literatura falava de suas lutas e vitórias sobre inimigos, monstros e deuses, e do prêmio que ganhou: tornou-se um deus após a morte, adorado no mundo todo. Aquiles e Héracles eram ambos filhos de divindades; Héracles era filho de Zeus, o rei dos deuses. Devemos admitir que Alexandre, como quase todos os demais, acreditava que essa herança era literalmente verdadeira e de um significado monumental. Sua história familiar conferia-lhe, portanto, um status social neste mundo que não ficava atrás do de nenhum outro, fato fundamental para a maneira como ele compreendia sua vida e o que devia fazer dela.

§ 2.

Alexandre nasceu quando Filipe estava longe, empenhado numa guerra para fortalecer seu reino: ele tentava tirar do controle de Atenas a cidade-Estado grega de Potideia, a leste da Macedônia. Atenas ainda era uma poderosa cidade-Estado, famosa por sua arquitetura e literatura, mas Filipe transformara a Macedônia numa potência muito maior. Ele estava vencendo a competição com as cidades-Estado gregas por status e poder internacional. No dia em que seu exército tomou Potideia, Filipe foi informado de três outras vitórias: seu general Parmênio havia derrotado os ilírios, os mais perigosos vizinhos que a Macedônia tinha ao norte; seu cavalo de corrida conquistara o primeiro lugar nos Jogos Olímpicos, o mais destacado festival competitivo da Grécia Antiga; e uma de suas várias esposas, Olímpia, dera-lhe um filho para herdar o trono. Ao tomar Potideia, Filipe assumiu o controle das minas de ouro e prata dessa região; as novas e ricas fontes de metais preciosos financiaram a expansão de seu poder. Os ilírios haviam quase destruído o reino macedônio vários anos antes; derrotá-los assinalou o rei como um inquestionável sucesso no mundo competitivo da política macedônia. Como apenas os gregos podiam competir nas Olimpíadas, a vitória de seu cavalo valeu a Filipe o direito de alardear que pertencia à elite grega. E o nascimento de Alexandre deu-lhe finalmente um filho que ele poderia moldar como sucessor, mantendo sua estirpe competitiva no mundo violentamente perigoso da política real macedônia. Os profetas da corte disseram a Filipe que a data de nascimento do filho, simultânea às suas três grandes vitórias, significava que o menino cresceria para ser "imbatível, invencível" (*aniketos*).

As pessoas da época, e de muitos séculos depois, diziam que os deuses tinham enviado sinais de que o nascimento de Alexandre iria mudar o mundo e de que ele não era um ser humano comum. Olímpia havia sonhado – a maior parte das pessoas naquele tempo acreditava que os sonhos eram mensagens dos deuses – que seu ventre fora atingido por um raio emitido por Zeus. Filipe sonhou que o filho teria a natureza de um leão. Ele afirmou também que, meses antes, havia vislumbrado uma serpente gigantesca, sem dúvida um deus disfarçado, dormindo com Olímpia; o sacerdote do deus Apolo confirmou publicamente essa interpretação. No mesmo dia em que Alexandre nasceu, sacerdotes persas, os chamados *magi*, que visitavam a cidade grega de Éfeso, na Ásia Menor (a Turquia atual), entraram em pânico quando o templo da deusa Ártemis foi destruído pelo fogo. Eles saíram correndo pelas ruas gritando que os reinos da Ásia estavam destinados a ruir.

§ 3.

Alexandre iniciou sua vida num mundo de mulheres. Os reis macedônios eram polígamos, cada esposa representando uma aliança política com uma família importante, dentro ou fora do reino. A pátria de Olímpia, por exemplo, tinha importância estratégica para a segurança macedônia: boas relações com a família real epirota protegiam o flanco oeste da Macedônia. Ao morrer, Filipe havia desposado sete mulheres. A necessidade política desses casamentos não excluía o amor; diz-se que o rei se apaixonou perdidamente por Olímpia quando a conheceu num festival religioso internacional. As mulheres da família real eram responsáveis por seu próprio espaço de vida em suas residências e palácios; os homens raramente entravam ali, e o faziam apenas com permissão. Esse mundo feminino era tão competitivo quanto o mundo dos homens. As mulheres do rei concorriam para ser a mais importante, e o status de uma criança dependia da proeminência da mãe, bem como da capacidade da própria criança aos olhos do pai. O sucesso de um filho elevava o status da mãe.

Quando menino, Alexandre viveu entre parentes do sexo feminino, amigas e muitas escravas. Olímpia levara escravas consigo do Épiro para a Macedônia, ao passo que outras – que trabalhavam para a família real como cozinheiras, arrumadeiras, jardineiras, musicistas, tecelãs e exercendo praticamente todos os outros ofícios imagináveis – haviam nascido escravas ou eram prêmios de conquista. Algumas eram bárbaras do norte, sem nenhuma educação formal; outras eram gregas, algumas das quais sabiam ler e escrever e até serviam como mestras para as crianças. Todas essas escravas eram propriedade; os donos podiam abusar delas física ou sexualmente, ou até matá-las, se eles fossem cruéis. Uma das tarefas mais importantes das mulheres em qualquer casa abastada era instruir e administrar as escravas domésticas e até cuidar delas para que recobrassem a saúde após doença ou ferimento. Apesar das amplas diferenças de status, escravos e membros da família real viviam em estreita intimidade, numa comunidade doméstica intercultural e multilíngue. Alexandre ouviu muitas línguas quando criança: sua mãe falava epirota, a língua do Épiro; sua ama, mulher livre de uma família local da elite, falava macedônio, língua relacionada ao grego mas incompreensível para os gregos; várias escravas falavam as línguas de suas terras natais. O grego era a língua comum, e Alexandre cresceu bilíngue, em macedônio e grego.

A mais importante obrigação da mãe era encaminhar a educação do filho, em especial preparar o menino ou a menina para ingressar na sociedade além do círculo restrito da infância. Para Alexandre, essa era a sociedade da corte real. Tal como o mundo das mulheres, a corte macedônia era fortemente internacional, gregos e outros não macedônios, inclusive persas, nela viviam como hóspedes de longo prazo. Durante pelo menos meio século antes de Filipe, os reis macedônios haviam pagado eminentes artistas, escritores e pensadores gregos para que fizessem parte da vida na corte. No fim do século V, Eurípedes, o famoso autor ateniense de dramas trágicos, foi contratado para morar na capital, Pela, e escrever e dirigir peças em grego como as que emocionavam plateias internacionais em festivais dramáticos atenienses. No início do século IV, um rei macedônio convidou um discípulo do famoso filósofo ateniense Platão para viver na corte, conferindo-lhe a delicada tarefa de escolher os convidados para comer à mesa do rei com base na instrução em filosofia e geometria.

§ 4.

Dizem os autores antigos que antes mesmo de ingressar no mundo dos homens adultos Alexandre amava uma ampla variedade de literatura grega: peças trágicas e cômicas, histórias de gregos e bárbaros, ensaios filosóficos sobre a natureza do mundo e como as pessoas deveriam viver nele e poemas louvando vitórias na guerra, nos esportes e na política. Para compreender as motivações e metas de Alexandre, é decisivo entender o que a literatura grega significava para ele e seus pares. No entendimento deles, narrativas sobre heróis e deuses eram registros históricos, não ficção. "Mito" é a palavra grega para narrativa, e o que hoje chamamos de "mitologia" – termo que sugere lendas inventadas – era visto como o relato complexo de interações genuínas entre deuses e seres humanos no passado. Os mitos eram reais para Alexandre, não significavam mero entretenimento. As histórias descreviam versões concorrentes, até contraditórias, do passado porque a história era complexa e significativa em múltiplos níveis; era responsabilidade do público desemaranhar o significado dessa competição de sentidos por meio de estudo árduo, reflexão profunda, imaginação criativa e discussão animada.

Para os membros da mais elevada elite social, os mitos ensinavam lições sobre seus ancestrais, remontando ao início da história e ao nascimento dos deuses. Zeus, o rei dos deuses, encabeçava a linhagem da família de Alexandre, muitas gerações no passado. Assim, para Alexandre, as histórias da literatura grega diziam respeito à sua herança; elas descreviam quem ele era e prescreviam como deveria viver. Importava-lhe enormemente saber o que seus ancestrais haviam feito e como ele poderia viver em conformidade com suas gloriosas realizações e ultrapassá-las. O lugar que herdara no mundo e o papel que lhe competia desempenhar nele, portanto, só eram explicáveis para Alexandre através da lente das histórias da literatura; essas histórias foram a chave para o modo como ele construiu sua identidade pessoal e seu status. Sua imersão na literatura grega e a paixão pelo conhecimento não o tornaram sonhador, livresco: elas refletiam sua curiosidade insaciável, a inteligência brilhante e a educação rigorosa como membro da classe mais alta de seu tempo e lugar.

Para Alexandre, a literatura revelava princípios norteadores de vida – muitas vezes severos e violentos, e sempre competitivos – que ele nunca esqueceu. Por exemplo, os poemas que Píndaro escreveu em Tebas ensinaram-lhe que as maiores vitórias de um homem vão desaparecer e perecer a menos que sejam cantadas, narradas ou escritas. Alexandre sabia de cor os dramas de Eurípedes, cujos versos rítmicos sintetizavam para ele e seus pares argutos lampejos sobre honra e insulto que podiam arremessar uns contra os outros como armas. O mais importante de todos os autores parecia-lhe ser o poeta Homero. Sua *Ilíada* concentrava-se no ancestral de Alexandre, Aquiles, o "melhor dos gregos". Ela mostrava que Aquiles viveu "sempre para ir além dos outros", e por isso preferiu uma morte gloriosa à segurança e à obscuridade. Em sua busca por fama imortal, ele exigia lealdade absoluta dos outros e o reconhecimento de seu status superior.

Tudo que Alexandre aprendeu enquanto crescia descrevia a vida humana como dependendo em última instância dos planos dos deuses. Na antiga religião politeísta, não havia um conjunto único de crenças ou doutrinas compartilhado por todos com relação ao papel dos deuses e das forças sobrenaturais na vida das pessoas, nem uma autoridade religiosa organizada que ditasse as crenças. O culto nos templos e os ritos nos festivais eram eventos importantes em todas as comunidades, mas as pessoas também acreditavam que podiam se encontrar com os deuses e falar com eles a qualquer hora, em qualquer lugar – caso os deuses decidissem enviar uma mensagem sobre o que os seres humanos deviam fazer. Compreender as comunicações dos deuses era muito difícil, e lances tão altos quanto a vida e a morte podiam estar em jogo. As pessoas compreendiam que nunca deveriam ter a esperança de entender plenamente a natureza dos deuses: a majestade divina era tão vastamente superior ao status de meros mortais que os planos dos deuses eram por natureza incompreensíveis. As pessoas também sabiam que compreender mal o que os deuses queriam delas implicava correr o risco de serem destruídas. Os deuses não amavam os seres humanos, tampouco queriam automática e invariavelmente protegê-los. Comunidades e indivíduos eram obrigados a honrá-los e cultuá-los, com a esperança (mas não a garantia) de receber ajuda divina em troca de frequentes preces e sacrifícios, especialmente de animais grandes e valiosos.

Os deuses eram assustadores e perigosos, e as pessoas oravam para eles, sacrificavam-lhes animais, presenteavam-nos para evitar sua ira – mas também movidas pela gratidão, pois os deuses podiam ser fontes de grandes bênçãos: filhos, saúde, vitória, comida, vinho. Alguns rituais de adoração prometiam aos fiéis uma existência melhor após a morte. Olímpia e Filipe conheceram-se precisamente num desses encontros religiosos. Segundo todos os relatos, Olímpia dedicava-se à oração, ao sacrifício e a outros rituais devocionais. Ela enfatizava em particular o culto de Dioniso, que seria um deus muito importante para Alexandre durante toda a vida. Dioniso era a divindade grega que mais fortemente exibia complexidade e ambiguidade. Nascido na terra de um encontro sexual entre uma mulher e o rei dos deuses, depois despedaçado por monstros e ressuscitado, ou nascido uma segunda vez, da perna de seu pai, Dioniso fora humano em algum momento de sua criação, mas depois se tornara divino. Era a fonte de grandes prazeres (vinho e sexo) para os seres humanos, mas também de dor e morte violenta para quem se mostrasse desleal a ele ou deixasse de respeitar seu poder. Olímpia acreditava que um deus a engravidara e que Alexandre era filho de um pai divino; um dia, quando Alexandre já era crescido o bastante, ela lhe contou isso.

Os deuses falavam com as pessoas por meio de sacerdotisas e sacerdotes especialmente designados em vários lugares sagrados chamados oráculos. Zeus falava a partir de um oráculo em Dodona, no oeste da Grécia, ao passo que o deus egípcio Amon (que os gregos pensavam ser Zeus) respondia às perguntas dos suplicantes em Siva, no deserto egípcio. O mais famoso oráculo grego era o santuário de Apolo em Delfos, na Grécia Central (o oráculo que Filipe consultou após ver a serpente no leito de sua esposa). As mensagens dos oráculos eram de difícil compreensão porque em geral vinham como enigmas ou insinuações obscuras; outros tipos de comunicação divina – o aparecimento de espécies particulares de aves, os sonhos ou sinais no céu – eram ainda mais obscuros. A interpretação de todas essas mensagens e sinais divinos exigia o auxílio de especialistas.

§ 5.

Alexandre aprendeu todas essas coisas no mundo das mulheres em que viveu durante os primeiros anos de vida e com a literatura grega que lia e debatia em casa. Quando tinha idade suficiente e estava forte o bastante, talvez aos sete ou oito anos, ele deu seus primeiros passos no mundo dos homens. Na companhia de outros meninos, treinou o corpo para ter força e velocidade. Juntos, faziam corridas de 206,25 metros – a distância que os gregos chamavam de *estadion* ("estádio") –, levantavam pedras e pesos e treinavam os rudimentos da luta. Por meio da luta, Alexandre e seus colegas de classe aprendiam a desenvolver força, rapidez de mãos, pés e olhos, a atacar e a sentir dor sem pânico. Esse treinamento precoce para o combate assemelhava-se às artes marciais mistas modernas: socos, combates corpo a corpo, pontapés. A forma mais importante de luta antiga era o *pankration*, ou pancrácio, "combate de força total"; era uma oportunidade para exibir coragem e resistência enquanto se sentia dor. Mais tarde, quando patrocinava competições atléticas, Alexandre nunca estimulou seus soldados a se dedicar ao pancrácio, que ocasionava muitos ferimentos, preferindo que lutassem com varas de madeira, porque disputas com essas armas simuladas tinham menos probabilidade de incapacitá-los. O treinamento para a guerra era o objetivo óbvio e constante dos exercícios diários de Alexandre quando menino.

No mundo do tempo de Alexandre, a guerra era algo normal para defender o lar, a terra natal, acumular conquistas e riquezas tomadas dos outros. A frequência da guerra refletia pressupostos fundamentais sobre a natureza da existência humana. Um desses pressupostos compartilhados por Alexandre e todo o mundo era de que indivíduos e nações não possuíam automaticamente direito igual a status, poder e prosperidade. Todos tinham uma posição, superior, igual ou inferior à dos demais. As pessoas regularmente discordavam com relação a quem tinha direito a ser superior e quem tinha que ser inferior, e uma função da guerra era decidir disputas desse tipo, à custa da liberdade dos perdedores. Os que se acreditavam superiores sentiam-se na obrigação de afirmar seu status e exigir seu reconhecimento por parte dos outros; os que eram inferiores mas resistiam ao poder de seus superiores enfrentavam terríveis (e inevitáveis) consequências de sua suposta deslealdade. Esses pressupostos hierárquicos estavam incorporados na sociedade, mesmo na democracia singularmente radical de Atenas, em que os cidadãos livres encontravam-se divididos em classes baseadas em rendimentos que determinavam suas oportunidades políticas. A hierarquia de força, coragem e habilidade era o alicerce da ordem e da estabilidade nesse mundo. Ela dominava o modo como os macedônios viam os outros e era a razão pela qual eles treinavam os filhos para serem guerreiros. Estes se preparavam para lutar como uma maneira de conservar seu status e a segurança de sua terra, com armas e palavras. Todos os filhos da nobreza aprendiam a lutar; nenhum aprendia a ser complacente.

Alexandre começou a treinar para a guerra com as armas mais curtas e mais leves da infantaria: facas e espadas. Esse treinamento ampliava as lições do pancrácio, lutar com coragem e astúcia quando o inimigo estava apenas a um braço de distância, retalhando ou dando estocadas com armas de gume afiado. Ele e os amigos também aprenderam a usar armas de longa distância, arremessando flechas com arcos e pedras com fundas como infantaria armada leve, e depois a lutar como infantaria pesada, com armadura e brandindo longas lanças. Era importante para um comandante e aspirante a rei ter experiência com todos os tipos de armas e táticas de infantaria, de modo a tirar proveito máximo de suas tropas. Acima de tudo, porém, o filho do rei devia ser um hábil cavaleiro, pronto para comandar pessoalmente ataques contra o inimigo. O cavalo era o veículo para o comandante militar em batalha, proporcionando mobilidade e um ponto de vista elevado sobre o campo de luta. Assim que cresceu o suficiente, Alexandre aprendeu a montar, praticando manobras a cavalo em alta velocidade e sem estribos (que ainda seriam desconhecidos na Europa por mais mil anos). Ele treinou o uso de uma lança de empunhar e de uma espada para retalhar de cavaleiro, lutando de forma coordenada com outros cavaleiros em ataques em massa. Durante todo esse treinamento, Alexandre aprendeu quantos quilômetros e com que rapidez a infantaria armada podia marchar e a cavalaria cavalgar, em diferentes tipos de terreno. Aprendeu quanto os homens comiam e bebiam na marcha e por quanto tempo sua força podia resistir enquanto lutavam. Na companhia do pai, Alexandre viu engenheiros desenvolverem máquinas de guerra – catapultas, torres de cerco, pontes portáteis – e testemunhou negociações com fornecedores de armas, alimentos e as outras coisas necessárias para manter um exército em boa forma para lutar. Muitos desses engenheiros, artesãos e negociantes eram estrangeiros. Os gregos da Sicília e os persas tinham avançado na ciência de atacar cidades muradas; os ilírios tinham produzido inovações em matéria de lanças de empunhar; os gregos tinham desenvolvido táticas que permitiam a tropas com armamento leve atacar tropas com armaduras pesadas e operar em terreno acidentado. Alexandre precisou, portanto, aprender a lidar com especialistas militares de diversas origens e conhecimentos.

Ele compartilhou seu treinamento nas artes da guerra com os filhos de homens da mesma categoria social de seu pai. Seus instrutores eram homens calejados das áreas mais acidentadas dos Bálcãs e da Grécia: Leônidas de Épiro (parente da mãe de Alexandre) e Lisímaco de Acarnânia. Afamados e temidos por sua força, esses estrangeiros impeliam os meninos até o limite. Os jovens nobres faziam longas caminhadas pelos morros, lutavam entre si com as mãos e com armas e jantavam juntos após árduos dias de trabalho. Alguns desses rapazes tornaram-se amigos de Alexandre por toda a vida, seus "companheiros" (*hetairoi*). Esse era um título que os macedônios usavam com um significado especial: como Alexandre aprendeu lendo a *Ilíada* de Homero, eram as pessoas com cuja ajuda poderia contar quando estivesse em perigo mortal. Amigos tão próximos conheciam as habilidades e as realizações uns dos outros. A vida de cada um dependia dos outros, não teoricamente, em alguma batalha futura, mas de uma maneira muito real, todos os dias. Desde os primeiros estágios de seu treinamento eles mediam suas habilidades nas selvas da Macedônia, caçando animais, grandes e pequenos. Píndaro havia escrito que Aquiles caçara leões, cervos e javalis desde que tinha seis anos, no tipo de competição que revelava quem era o homem superior. Alexandre e seus amigos usavam redes de arremesso para caçar aves, pedras e flechas para coelhos e lanças para leões e javalis. Essa caça era uma atividade séria, e a vida dos meninos corria perigo sempre que eles enfrentavam um animal de grande porte. Ao se confrontar com um leão, javali ou urso feroz, cada jovem tinha de saber qual o seu papel e de confiar que seus companheiros fariam a coisa certa. A arte macedônia mostra cenas de caça; as principais armas eram as lanças, mas se o animal avançava os caçadores precisavam se valer de espadas curtas. Anos mais tarde, um dos companheiros mais chegados de Alexandre matou um leão, mas antes disso o animal rasgou-lhe o ombro com a pata, até o osso. A literatura que Alexandre amava estava cheia de casos de caçadas, bem-sucedidas ou desastrosas. O primeiro dos famosos "trabalhos" de Héracles, seu ancestral, foi matar um leão com as mãos. O historiador grego Heródoto fala de uma caçada ao javali em que uma lança mal-arremessada mata tragicamente o filho de Creso, rei da Lídia. A coragem ou o medo de cada menino ficava facilmente evidente para todos. Um jovem nobre macedônio não tinha permissão para jantar com os adultos até que tivesse matado um javali sem usar redes: Cassandro, filho de um eminente general macedônio e ele mesmo homem muito capaz e veterano em combates, não tinha permissão para se reclinar durante o jantar com os homens mesmo quando já tinha 35 anos, porque ainda não realizara essa proeza específica com as armas.

Alexandre destacava-se nessa perigosa competição. Na verdade, contam-nos os escritores antigos, ele se destacava em

---

PLUTARCO

Escrevendo em grego no início do século II d.C., Plutarco compôs entre muitas outras obras uma biografia de Alexandre. Plutarco viveu na cidade de Queroneia, cenário da batalha decisiva para a história do mundo disputada por Filipe e Alexandre contra uma coalisão grega em 338. As biografias escritas por Plutarco eram "paralelos entre vidas", emparelhando gregos e romanos famosos. Ele estabeleceu um paralelo entre Alexandre e Júlio César como os dois maiores líderes de seus mundos. Plutarco declarava que suas biografias não eram "histórias" porque não incluíam descrições de eventos. Como diz no início de sua biografia de Alexandre, "a explicação acerca da excelência ou incompetência de uma pessoa não reside inteiramente em seus mais famosos feitos, mas com frequência num gesto casual, ou numa palavra, ou num gracejo". Sua tarefa como biógrafo, acreditava ele, era pôr a nu "as evidências da alma do homem".

Plutarco também escreveu um ensaio cujo título poderia ser traduzido como "Sobre se Alexandre tinha grande excelência ou grande sorte". Ali ele sustenta que Alexandre estava à frente dos demais em excelência porque era guiado por ideias filosóficas, inclusive uma visão de mundo em que pessoas de todos os tipos, de gregos a bárbaros, eram avaliadas por sua excelência pessoal.

tudo que tentava. Segundo o biógrafo Plutarco, na corrida Alexandre era rápido o bastante para competir nos Jogos Olímpicos, mas desprezava esses jogos: "Quando seus amigos diziam: 'És tão rápido, por que não competes em Olímpia?', ele respondia: 'Só se estiver competindo com outros reis.'" Tendo aguda consciência de ser o herdeiro do reino, Alexandre sabia que em qualquer forma de competição os lances em jogo eram mais altos para ele. Nascer numa família real entre os macedônios era iniciar uma luta de vida ou morte; nenhum membro da família real macedônia podia se furtar a isso. A recompensa era a realeza, e o custo do fracasso era a morte. Filipe merecera seu status como rei dos macedônios, e Alexandre sabia que os rivais que o pai derrotara estavam todos mortos.

§ 6.

A história de como o pai de Alexandre tornou-se rei fornece uma imagem clara da violência e do perigo que cercavam a sucessão real na Macedônia: após a morte de um rei, o filho mais velho daquela família esperava tornar-se seu sucessor, mas esse herdeiro não sobreviveria, muito menos manteria seu status, se não fosse capaz de assumir o controle do exército, defender o país e eliminar os rivais. Amintas III, rei dos macedônios e avô de Alexandre, o Grande, morrera em 370. Deixou três filhos: Alexandre II, Pérdicas III e Filipe II. (Esses numerais romanos são uma convenção moderna para identificar reis com o mesmo nome; a prática antiga era identificar as pessoas acrescentando o nome de seu pai. O "Grande" Alexandre, tema desta nossa biografia, foi Alexandre III, mas era conhecido como "Alexandre, filho de Filipe".) Cada um desses filhos foi rei pelo menos por um curto período, um após o outro, e todos tiveram morte violenta. O mais velho, Alexandre II, herdou o trono do pai. De imediato, enfrentou uma guerra com os ilírios – os constantes rivais dos macedônios quanto à conquista de territórios –, mas foi outro macedônio que o matou apenas dois anos depois. O assassino, um homem chamado Ptolemeu, tornou-se "regente" ou guardião do segundo filho de Amintas III, Pérdicas III, porque o menino era jovem demais para reinar. Assim que se considerou maduro o suficiente para governar, Pérdicas mandou matar Ptolemeu e passou a agir como rei dos macedônios até ser morto em batalha contra os ilírios em 359. Entretanto, como seu filho era apenas um bebê, seu irmão mais moço, Filipe II, tio da criança, tornou-se regente, responsável por defender a Macedônia. E o país precisava de defesa, pois os ilírios haviam conquistado vitória após vitória durante anos e massacrado um exército e um rei da Macedônia, pondo em risco a própria sobrevivência de todos os macedônios. A vitória ilíria fizera a Macedônia parecer fraca, como uma presa fácil. Os territórios macedônios estavam, portanto, sujeitos a invasões imediatas.

Filipe teve de convencer os líderes regionais da Macedônia de que eram capazes de derrotar seus inimigos e de que ele poderia lhes mostrar como fazê-lo. Acima de tudo, teve de persuadi-los a pôr em risco seu mais valioso recurso, seus homens, por um objetivo comum. Nos *symposia* de todas as noites – as horas de intenso consumo de álcool, conversas e discussões que geravam laços sociais (e por vezes violentos conflitos de bêbados) entre os homens da elite macedônia –, Filipe descrevia uma combinação de iniciativas políticas, estratégicas e táticas que tornaria os macedônios invencíveis. Não era aceitável que líderes regionais fizessem tratados com os inimigos, nem que alguns deles deixassem outras regiões caírem pouco a pouco. Sempre atento à possibilidade de comprar o que queria, em vez de lutar para adquiri-lo, Filipe propôs que ele e os outros líderes começassem comprando seus vizinhos mais ameaçadores naquele momento, ganhando tempo para fazer mudanças militares que garantissem a segurança a longo prazo.

Taticamente, Filipe propôs o treinamento da infantaria macedônia em novos métodos de combate no solo, usando uma lança de empunhar ainda mais longa, semelhante à dos ilírios. Essa lança, a sarissa, tinha 5,5 metros de comprimento, com 3,5 metros estendendo-se à frente do soldado e 2 metros para trás. Tinha na frente uma ponta aguçada, de bordas afiadas, e na extremidade posterior um espigão de metal que podia ser fixado ao solo ou usado como gume, caso a sarissa se partisse; numa situação de extremo perigo, a lança quebrada tornava-se um bastão, e o soldado retornava a seu treinamento original de infância, a luta com varas. Mas a sarissa não quebrava facilmente, pois era feita de madeira de cornisc. Essas lanças extralongas eram uma inovação na tecnologia de guerra, porém requeriam prática rigorosa. Elas eram mais úteis nas mãos de tropas meticulosamente treinadas, dispostas em cuidadosos espaçamentos, com até dezesseis lanceiros em linha, um atrás do outro. Os soldados seguravam as armas com as duas mãos e as empurravam em direção ao inimigo sem atrapalhar ou trespassar seus camaradas de formação. Essa unidade de combate encouraçada, a *phalanx*, ou falange, semelhante a um ouriço de metal com seus espinhos aguçados no ar, tinha de se mover rapidamente em todas as direções, sem perder a disciplina, a orientação ou a percepção da situação tática. Um lanceiro separado da formação era presa fácil para a cavalaria ou os arqueiros inimigos.

Filipe tinha visto tática e armas como essas em ação durante sua própria juventude. Por força da política da realeza macedônia, ele vivera com os ilírios no norte, como "refém real", um penhor humano garantindo que os macedônios honrariam um tratado. Mais tarde, foi novamente enviado como refém, dessa vez para a cidade grega de Tebas, ao sul, onde morou na casa de Epaminondas, um dos maiores táticos de sua era. Filipe aplicou o que havia aprendido durante essas situações para reorganizar e revigorar o exército macedônio. Persuadiu os comandantes das regiões da Macedônia a agir em conjunto; unificou, rearmou e treinou os soldados; derrotou decisivamente os ilírios, preservou as fronteiras da Macedônia e expandiu seu território, tomando terras e bens valiosos dos inimigos e rivais. Em suma, Filipe ganhou proeminência demonstrando seu mérito para outros homens experimentados e capazes de sua classe social.

Embora ele tivesse iniciado sua ascensão ao poder na Macedônia quando era "guardião" do filho menor de idade do rei anterior, seu sobrinho, é claro que seus próprios sucessos lhe valeram o status de soberano. Seus feitos o fizeram sentir-se tão seguro, de fato, que permitiu que o jovem Amintas, o herdeiro do trono pelo sangue, continuasse vivendo como parte da família. Se suas realizações não tivessem sido suficientes para superar o direito hereditário de Amintas ao trono, as violentas regras de competição vigentes na corte real macedônia teriam exigido que um dos dois morresse – e Filipe claramente acreditava que teria sido o menino.

§ 7.

Nessa sociedade em que se exigia que o rei dos macedônios provasse sua superioridade a todo momento, o filho de um rei estava sob inimaginável pressão para ser o melhor em tudo, o tempo todo. Esse tipo de pressão era tão grande que até os espartanos, famosos por sua valentia, dispensavam os filhos dos reis do rigoroso treinamento militar exigido ali de todos os rapazes; temiam, caso o príncipe fracassasse em qualquer prova, a inevitável crise de liderança. Mas os macedônios não se furtavam a submeter seus futuros líderes às mais implacáveis provas, vezes sem conta. Quando Alexandre chegou à maioridade, seus companheiros e todo soldado macedônio sabiam que ele realizara tudo o que eles próprios haviam feito, sofrera o que eles haviam sofrido e enfrentara todos os desafios melhor do que eles.

Alexandre sobressaía não somente em proezas de força, habilidade e rapidez, mas também em percepção, dedução e julgamento baseado em estreita observação. Plutarco conta uma história que ilustra como essas qualidades se revelaram cedo na vida do rapaz. Um negociante de cavalos da Tessália, terra famosa por esses animais e com a qual Filipe tinha conexões próximas, levou um cavalo caro para a inspeção do rei. O cavalo chamava-se Bucéfalo ("Cabeça de boi") e, embora fosse um espécime físico magnífico, apropriado para servir como esplêndida montaria na cavalaria, parecia completamente selvagem e indomável. Filipe estava prestes a dispensar o cavalo e o vendedor, quando Alexandre, ainda adolescente, queixou-se em voz alta da perda de tão excelente animal, deixando claro que, a seu ver, os mais velhos estavam amedrontados demais para montá-lo. Filipe acusou o filho de impertinência para com os mais velhos, depois do que pai e filho fizeram uma aposta: se Alexandre tentasse montar Bucéfalo e fracassasse, teria de pagar o preço de compra do cavalo, treze talentos de prata (uma enorme quantia de dinheiro). Na verdade, Alexandre observara que o animal estava agitado porque se esquivava da própria sombra; virando-o de frente para o sol, com a sombra agora escondida atrás dele, o rapaz acalmou-o, montou-o, cavalgou até o outro lado do campo e voltou. Plutarco conta que Filipe chorou de alegria, dizendo ao filho: "Terás de encontrar teu próprio reino para reger; a Macedônia será pequena demais."

Essa história descreve uma competição, opondo Alexandre a um cavalo, aos macedônios adultos e, em especial, ao pai. O jovem lançou seu julgamento contra o dos mais velhos e ganhou, com base na capacidade de observar o que os outros não viram. Ele confiou em seu julgamento e agiu com base nele, apostando uma enorme soma – equivalente a cerca de duzentos anos de salário de um soldado ou de um trabalhador. Seu pai acusou-o de impertinência, mas a impertinência tornou-se audácia quando Alexandre foi capaz de domar o cavalo, o que fez com meios delicados, sutis, não mediante força ou violência. A reação de Filipe foi cortês, marcada pelo orgulho e a esperança no futuro. A mãe de Alexandre talvez tenha testemunhado essa história também. A aposta de Alexandre subentendia ou a disposição a ficar em dívida com o próprio pai por muitos anos – um jovenzinho nunca possuiria treze talentos –, ou a confiança de que sua mãe poderia (e quereria) saldar a dívida. De uma maneira ou de outra, os riscos eram tremendos, e as ações de Alexandre mostram inabalável autoconfiança. Da juventude em diante, a vida de Alexandre foi dedicada a enfrentar riscos, avaliá-los e vencer.

2. Oportunidades e riscos na adolescência (anos 340-338 a.C.)

§ 1.

Alexandre havia tratado o cavalo de guerra Bucéfalo como ele próprio queria ser tratado – por persuasão, não por coação. Segundo Plutarco, Filipe sabia que o filho não podia ser forçado a fazer coisa alguma, só seria persuadido por meio de raciocínio. Reconhecendo esse traço do rapaz, além de seu ilimitado desejo de conhecimento, Filipe conseguiu o mais persuasivo mestre que pôde encontrar para educá-lo, fazendo dele o melhor sucessor possível ao trono de uma potência mundial: o cientista, filósofo e teórico político Aristóteles. Este era da mesma idade que Filipe, tendo nascido no final dos anos 380, e, embora grego, havia passado a infância na corte macedônia, onde seu pai trabalhava como médico oficial. Ele e Filipe muito provavelmente eram amigos de infância. Quando tinha cerca de dezoito anos, Aristóteles deixou a Macedônia para estudar em Atenas, com Platão, o mais importante filósofo da época e ele próprio discípulo do reconhecidamente controverso Sócrates. O currículo de Platão enfatizava matemática, geometria, teoria política e ética. Aristóteles tornou-se a pessoa mais instruída entre os gregos e, em tempos posteriores, o mais influente pensador da Grécia Antiga. Durante sua longa carreira, ele lecionou uma incrível diversidade de matérias: botânica, zoologia, geografia, matemática, geometria, retórica, história política, filosofia política, política estratégica, teoria literária, metafísica, astronomia, o significado dos sonhos e filosofia como um guia prático para se viver uma vida de excelência (*aretē*).

Filipe enviou Alexandre e seus companheiros para estudar sob a orientação desse professor estrangeiro num lugar sagrado, o santuário das Ninfas em Mieza, a dois dias de viagem da capital. Os adolescentes viviam e estudavam longe dos pais e do resto da vida macedônia. O rei não poupou nenhuma despesa ao fundar essa escola privada para o filho e alguns jovens membros escolhidos da elite social macedônia. Ele acreditava que essa educação especial e poderosa longe da corte, com um excelente professor, que combinava de maneira singular o conhecimento teórico e a aplicação prática, produziria o melhor rei possível e os melhores amigos e conselheiros possíveis para ele.

Durante toda a sua vida Alexandre levou adiante a busca de todos os tipos de conhecimento, iniciada no tempo que passou com Aristóteles. Ele costumava dizer que gostava mais de Aristóteles que de Filipe porque, embora vivesse graças a Filipe, vivia com excelência graças a Aristóteles. Enquanto estudou com o filósofo, concentrou-se acima de tudo em aprender os princípios sobre a maneira de superar todos os demais em excelência pessoal. Em prol desse objetivo, Aristóteles ensinou-lhe duas noções que poucas pessoas aceitavam mesmo em teoria, e um número ainda menor delas punha em prática na vida. Uma era que o dinheiro não é algo bom por si mesmo, a riqueza só é boa quando a serviço de fins valiosos. Alexandre levava muito a sério esse princípio; quando ainda jovem, disse: "De que me vale possuir muitas coisas, mas nada realizar?" O segundo princípio era de que o objetivo fundamental da vida humana é o conhecimento, e portanto a mais meritória de todas as metas é buscá-lo. Dado esse princípio, Alexandre aprendeu que questionar o objetivo ou a utilidade do conhecimento era um absurdo lógico; o conhecimento era bom em si mesmo. Uma consequência prática dessa lição foi seu compromisso perpétuo de patrocinar o que hoje chamaríamos de pesquisa científica, em suas próprias expedições e por meio de Aristóteles. Esse princípio inspirou tanto sua detalhada coleta de informações para as expedições militares quanto o insaciável desejo de explorar o mundo. Acima de tudo, motivou-o a querer reunir conhecimentos sobre sua própria natureza pessoal e a extensão do que podia realizar.

§ 2.

Aristóteles e seu discípulo Alexandre consideravam que o "entendimento" (*phronēsis*) era o mais poderoso (*kratiston*) de todos os bens. Para alguém com a ambição de reinar, um objeto de entendimento necessário era a natureza dos seres humanos e como podemos e devemos viver em harmonia com o mundo à nossa volta. Aristóteles ensinava que a honra é o maior bem humano em harmonia com a natureza. Um homem dotado do que ele chamava de "grande alma" devia buscar conquistar a honra ao longo de toda a sua vida. Essa honra tinha de ser conquistada em competição com os outros. Um homem possuidor de grande alma sabe que merece plenamente a honra, pois esta – o respeito público da parte de outros – é o prêmio da excelência, e os vencedores merecem prêmios. Esse homem de excelência sabe que pode perder sua honra por qualquer fracasso em competição com os outros. Alexandre levou muito a sério essa lição, vendo-se como esse tipo de homem dotado de grande alma, dedicado à busca da honra e da reputação que ela merecia. Ele adotou a perspectiva de uma vida de competição, pondo sua honra (e portanto o valor de sua vida) em jogo a cada momento, em toda atividade e em todo embate.

Alexandre compreendeu até o âmago de seu ser que a honra era o prêmio que estava em jogo ao longo dessa perene competição. Ele também aprendeu com Aristóteles que o êxito numa competição era a única ocasião possível para a felicidade. Os deuses podiam enviar a vitória, e portanto a felicidade, para os seres humanos, mas somente para seus favoritos. Se a felicidade não provinha dos deuses, ela vinha somente para as pessoas que perseguiam o estudo, o esforço e – acima de tudo – a excelência. A excelência exigia coragem, qualidade que, explicava Aristóteles, significava viver com uma perspicaz compreensão do perigo sem se tornar excessivamente medroso ou cauteloso. A morte devia ser evitada por meio de esforço, pois ela punha fim a uma vida competitiva, e buscar a morte como fuga da doença, da pobreza ou da tristeza era ato de um covarde. Mas a morte não devia ser temida, pois o mais nobre resultado possível de uma vida de excelência era morrer ao enfrentar bravamente o perigo.

Ao lecionar para aqueles rapazes adolescentes, Aristóteles enfatizava sua análise do comportamento dos mais destacados guerreiros da Guerra de Troia, tal como descritos por Homero na *Ilíada*. Ali, a primeira forma de coragem era "política", isto é, a coragem de uma pessoa que operava como parte de uma comunidade social, não como indivíduo isolado. A motivação para essa coragem de primeira grandeza era a qualidade pessoal da excelência. E por exigir ação num contexto social, essa excelência envolvia não apenas o desejo de algo extraordinário para o indivíduo (sua honra), mas também um forte sentimento de vergonha, o desejo do indivíduo de evitar a desgraça aos olhos de outrem. Em consequência, Alexandre esperava extraordinária coragem não apenas de si mesmo, mas de todos em seu grupo. Conta-se que, uma vez, ele viu um jovem da elite macedônia assistindo a um sacrifício em que a carcaça de um animal estava sendo queimada; uma brasa causticante caiu no braço do rapaz, infligindo-lhe dolorosa queimadura. Ele não moveu um músculo ou emitiu um som, porque, se tivesse se encolhido, o sacrifício teria se arruinado, segundo as regras religiosas. Quando Alexandre compreendeu o que estava se passando com o jovem, admirou enormemente sua coragem, e fez o sacrifício durar mais tempo para aumentar a prova de resistência e assim a honra que o rapaz conquistava com tal demonstração pública de coragem.

A *Ilíada* também servia como modelo de como ser um rei que reina com excelência. Em cidades-Estado gregas como Atenas, regidas por governos democráticos, essas lições eram irrelevantes, mas o mundo dos reis e dos heróis descrito por Homero era muito familiar para Alexandre e seus colegas reais quando liam e palestravam com Aristóteles. Plutarco diz que, ao se envolver com os amigos numa competição de citação de versos de poesia épica, Alexandre sempre escolhia o mesmo trecho da *Ilíada*: "Ele é o melhor rei, ao mesmo tempo forte (*krateros*) e um homem que sabe como usar a lança de ponta aguçada." Para ser o melhor rei no sentido homérico, o homem tinha de reinar sobre seus súditos de maneira paternal, cuidando deles como um pai cuidava de seus filhos. A preocupação do rei com o bem-estar de seu povo o distinguia do tirano ou do déspota. Aristóteles ensinava que, para merecer reinar, o rei, e de fato toda a família real, tinha de possuir mais excelência que qualquer outra pessoa no reino. Os súditos aceitariam então de bom grado seu domínio e eram obrigados a sempre lhe obedecer. O rei seria protegido pela lealdade de seus amigos, os admiradores e recebedores dos benefícios de sua suprema excelência. Governar dessa maneira proporcionava ao rei a honra pessoal que representava o mais valioso prêmio aos olhos de Alexandre e seus pares na competição que definia suas vidas.

Aristóteles também ensinou a Alexandre que o exercício da soberania gerava perigo, assim como honra. O pior perigo não era físico (o risco de assassinato), mas moral. Pedir a um homem para governar era acrescentar um elemento da besta à sua natureza, atiçando seu desejo. O desejo era a presença do animal selvagem na natureza humana, pervertendo a mente com ideias de que exercer o poder significaria satisfazer todos os seus anseios. Um soberano que seguisse esses impulsos animais acabaria ironicamente como um deus entre seres humanos, alguém sem igual, um rei absoluto que era ele próprio a lei, sem consideração pelas necessidades ou pelos desejos dos outros. Como um deus, ele poderia, se desejasse, proporcionar benefícios ao povo, mas não teria nenhuma compulsão ou necessidade de fazer coisa alguma além de satisfazer seu próprio desejo. Se seus súditos o irritassem, poderia puni-los ou matá-los sem remorso, exatamente como faria um deus.

Reinar segundo esse modelo, no entanto, significaria ignorar a importância primordial da *phronēsis*, que, segundo ensinava Aristóteles, exigia que o rei reinasse não apenas sobre seus súditos, mas, acima de tudo, sobre seu próprio desejo, seu próprio impulso de satisfazer seus prazeres pessoais. Para possuir compreensão – e nada mais importava se o homem não tivesse isso –, o rei devia alcançar antes de mais nada uma vitória sobre si mesmo. O rei que tivesse vencido essa batalha poderia depois levar a cabo um governo político adequado à condição de sua população. Sobressaindo a todos os demais, ele não criaria um Estado baseado na igualdade e governado pelos cidadãos. Com sua excepcional excelência e poder, seria literalmente incomparável, e, portanto, pelas exigências da justiça natural, deveria ser responsável por tudo e por todos.

§ 3.

A ânsia de Alexandre por adquirir conhecimento, especialmente na medida em que este contribuía para o governo, manifestou-se cedo. Numa ocasião, quando Filipe estava ausente da corte, Alexandre, ainda em meados da adolescência, tomou providências para receber uma delegação de embaixadores do Império Persa em lugar do pai. Falou-lhes como a iguais, encantando-os com sua cortesia e assombrando-os com a profundidade e a perspicácia de suas indagações sobre a viagem deles, a geografia da Pérsia, a natureza do Grande Rei do Império e suas guerras, a força do exército multiétnico persa e suas táticas militares. Depois os embaixadores persas comentaram que a curiosidade e a ambição de Alexandre eclipsavam até as celebradas qualidades de seu pai. Eles reconheceram claramente que o rapaz tinha não só um desejo de conhecimento sem limites, mas também que estava decidido a rivalizar com as façanhas do pai e superá-las. Sabia-se que Alexandre dizia aos amigos, sempre que seu pai conquistava uma vitória: "Meus amigos, meu pai me vencerá em tudo; ele e todos vós também, não me deixarão nada de grande e glorioso para exibir ao mundo."

De fato, Filipe estava conquistando muitas vitórias por meio da força e da diplomacia. Na década de 350, ele se apoderou de terras na Trácia, a nordeste da Macedônia, ricas em minas de ouro. Essas terras proporcionavam um rendimento anual de mil talentos ao tesouro do rei (um único talento equivalia a algo entre vinte e 25 anos de salários de um trabalhador). Tão competente no emprego do "poder persuasivo" quanto no do poder coercitivo, Filipe usou esse dinheiro para conquistar aliados. Ele diria às pessoas que ganhara mais amigos "com ouro do que com ferro", no sentido de que seu dinheiro era mais eficaz que sua espada. Na década seguinte, Filipe usou suas habilidades diplomáticas (e a ameaça de seu poder coercitivo – sua força militar) para intervir numa guerra entre muitas cidades gregas. Essa "Guerra Sagrada", que se prolongou por uma década, envolveu, como descreve o historiador Diodoro, uma luta encarniçada pelo controle do santuário sagrado dedicado ao deus Apolo em Delfos. Filipe pôs fim ao brutal impasse, ganhando como recompensa ser eleito chefe do conselho internacional que supervisionava o lugar sagrado. Obteve também vitórias inovadoras sobre cidades altamente fortificadas no nordeste da Grécia mediante o domínio da tecnologia da guerra de cerco. Filipe era um líder agressivo nessas batalhas, lutando tão perto do front que um arqueiro de pé sobre os muros de Metona furou um de seus olhos com uma flecha.

> **DIODORO**
>
> A obra do historiador grego Diodoro, que escreveu no século I a.C., é a mais antiga fonte que nos resta sobre Alexandre. Diodoro era famoso por seu enorme livro *A biblioteca da história*, cobrindo as histórias de Egito, Mesopotâmia, Índia, Cítia (Europa Oriental-Central), Arábia, norte da África, Grécia e Europa Ocidental, desde os primeiros tempos até sua era.
>
> Grandes partes dessa longa obra sobrevivem. Os livros 16, 17 e as seções de abertura do livro 18 oferecem uma detalhada descrição da história de Filipe II e Alexandre, inclusive episódios que nenhuma outra fonte relata. Por exemplo, só Diodoro fornece detalhes sobre a confrontação entre Alexandre e os tebanos que resultou na destruição de uma das mais célebres cidades da Grécia Antiga. Os estudiosos tendiam a criticar Diodoro chamando-o de copista confuso, sem qualquer ideia própria, mas uma leitura cuidadosa revela julgamentos criteriosos sobre o significado da história e as motivações das pessoas.

As ações de Filipe também revelavam sua reação implacável à oposição. Quando sitiava Olinto, aliada de Atenas, tentou convencer a cidade a se unir a ele. Quando ela o rejeitou, decidiu exterminá-la. Em 348 tomou a cidade, após subornar alguns cidadãos para que traíssem seus camaradas e abrissem os portões. Embora exércitos vitoriosos regularmente saqueassem, escravizassem os cativos e derrubassem seções dos muros de fortificação da cidade derrotada, Filipe empreendeu o árduo processo, que demandou semanas, de arrasar Olinto inteiramente. Ele queimou as casas, vendeu todos os habitantes como escravos e arruinou as muralhas de maneira tão completa que hoje os arqueólogos não fazem a menor ideia de sua forma. Essa violência sem igual estava a serviço da diplomacia futura, mostrando aos outros o custo da resistência.

As intervenções de Filipe na Guerra Sagrada e o contínuo conflito com Atenas eram o resultado de seu anseio por segurança e recursos, em especial por meio do controle do Helesponto, a estreita entrada para o mar Negro. Este corpo de água estava cercado por terras que produziam grandes provisões de grãos, o principal alimento da Antiguidade; quem controlasse as rotas navais de entrada e saída do mar Negro teria a certeza de alimentar uma grande população e um exército forte. Como a cidade de Atenas tornara-se havia muito tempo tão populosa que precisava importar alimentos dessa região, os atenienses lutaram arduamente contra Filipe e seus esforços para impor um estrangulamento ao mar Negro.

§ 4.

Em 340, enquanto Filipe estava fora lutando pelo controle da Trácia oriental – a região entre a Macedônia e o Helesponto – para tentar enfraquecer Atenas, Alexandre continuou na capital. Filipe deu ao filho o selo real, autorizando-o a agir como soberano em sua ausência, tomando decisões políticas, econômicas e militares. Alexandre, com dezesseis anos, aproveitou a chance para agir como rei. A tribo dos chamados medos, na fronteira nordeste da Macedônia, rebelou-se, talvez na esperança de ganhar alguma vantagem enquanto um adolescente estava no poder. Alexandre comandou as tropas macedônias contra eles, apoderando-se de seu principal povoado. Em seguida importou uma nova população para refundar a cidade. Como seu pai fizera em outros lugares, povoou a fundação com ex-soldados e pessoas de diferentes nacionalidades; a identidade dessa "população misturada" lhe seria conferida apenas pela nova cidade, Alexandrópolis (Cidade de Alexandre), e seu fundador, Alexandre. Ao dar seu próprio nome a uma cidade, o adolescente anunciou ao mundo que pretendia ser incomparável.

Sempre informado por mensageiros do que Alexandre estava fazendo, Filipe deve ter aprovado as ações competentes e ambiciosas do filho. Sua própria campanha na Trácia estacou quando Atenas, com o apoio persa, enviou uma frota grega aliada a partir do mar Egeu oriental. Concluindo um apressado tratado com Atenas, Filipe chamou Alexandre para se juntar a ele numa nova expedição contra os citas no norte, perto do lugar onde o rio Danúbio deságua no mar Negro, e buscar saques para enriquecer os fundos de guerra do reino. Alexandre aprendeu uma dura lição sobre as perigosas incertezas da guerra nessa expedição. Os macedônios obtiveram uma vitória decisiva contra os citas, apossando-se de um grande tesouro. Mas na marcha de volta para casa, outra tribo, os tribálios, quase destruiu o exército num ataque surpresa. Filipe foi gravemente ferido na perna, e o butim que haviam tomado dos citas foi perdido para essa outra tribo.

Obstinado em seu esforço para se tornar o líder da Grécia, Filipe continuou a pressionar Atenas. No verão de 338, ele conduziu seu exército de macedônios e aliados gregos para o sul e atacou a cidade de Elateia, aliada de Atenas nas montanhas entre o norte da Grécia e a Macedônia. Ali seu exército funcionou como uma rolha, prendendo os gregos numa garrafa ao sul. As notícias que chegaram aos atenienses diziam que o rei macedônio pretendia capturar a própria cidade. Essa perspectiva representava tamanha ameaça que os atenienses entraram em pânico e fizeram rapidamente uma aliança com Tebas – as duas cidades-Estado vizinhas eram usualmente acerbas inimigas –, e o exército combinado saiu em marcha para combater Filipe o mais longe possível das cidades de Atenas e Tebas. A batalha aconteceu perto de uma cidade chamada Queroneia.

§ 5.

Filipe conferiu ao filho um importante papel no combate. Nesse período, a infantaria se dispunha numa linha de batalha com vários homens de profundidade, mas era a fileira da frente que encarava o inimigo e tinha maior importância para o planejamento tático. Cada homem nessa fileira segurava o escudo com a mão esquerda e a lança de empunhar com a direita. Tropas bem-disciplinadas mantinham sua posição, ficando espaçadas o bastante para que cada homem tivesse a mão direita livre para usar a arma. Luta agressiva era sempre a melhor garantia de segurança. Quando atacadas, porém, as tropas muitas vezes escorregavam para a direita, e cada homem tentava mover seu próprio lado direito não protegido pelo escudo para trás do escudo do vizinho. Dessa maneira, um exército inteiro podia se deslocar pouco a pouco para a direita enquanto lutava. À medida que o exército tendia para a direita, o espaçamento entre os homens podia ficar muito irregular, em especial no lado mais à esquerda da linha.

O objetivo de qualquer exército em batalha era "cercar" a linha do inimigo. Isto é, seus homens tentavam se mover em torno do fim da linha de batalha do inimigo de modo a atacar os soldados adversários pelo flanco. No momento em que o exército tinha de se defender a partir da frente e do flanco, a sólida parede de escudos e lanças desmoronava, pois os homens se afastavam da linha para fazer face à nova ameaça. Os exércitos com frequência estacionavam armados levemente, com tropas intensamente móveis nas extremidades de suas linhas para impedir esse tipo de ataque do inimigo pelos flancos.

Tradicionalmente, o comandante em chefe se posicionava à direita de seu exército. Ali ele podia impedir o gradual deslocamento à direita e comandar suas melhores tropas, voltado para a extremidade esquerda da linha de batalha do inimigo, o segundo melhor homem desta. Dessa maneira, o comandante em chefe muito provavelmente seria capaz de contornar a linha inimiga, obter uma vantagem tática decisiva e vencer a batalha. Em Queroneia, Filipe tomou a posição à direita, com Alexandre estacionado à esquerda. A cavalaria macedônia estava também à esquerda, e os estudiosos muitas vezes supõem que Alexandre estava montado, comandando a cavalaria. Nenhum indício em Diodoro, o único escritor antigo a descrever o papel de Alexandre, nos permite saber se ele estava a cavalo ou a pé.

O que está claro é que Alexandre lutou bravamente e contribuiu para que a batalha fosse ganha. Sua ponta da linha de batalha atacou as forças mais robustas dos adversários gregos, os trezentos guerreiros do Bando Sagrado de Tebas. Estes eram soldados de elite, extremamente treinados, famosos por sua coragem e um ethos de combate baseado na coesão do grupo e na completa disposição de cada soldado a morrer pelos camaradas; segundo alguns, o Bando de Tebas compunha-se de pares de amantes que lutavam lado a lado. Todo o exército tebano havia sido posto à prova em batalha na longa Guerra Sagrada, e os soldados do Bando Sagrado eram os melhores desse exército veterano.

O flanco direito de Filipe, voltado para os soldados-cidadãos de Atenas, fingiu recuar. Os atenienses avançaram depressa demais, permitindo que surgisse um vazio em sua linha, entre eles e os tebanos. Alexandre comandou o ataque em direção a esse espaço, girando para a esquerda para flanquear a força de elite de Tebas. Outra cavalaria macedônia, na extremidade esquerda, avançou para a frente e para a direita. Quando os atenienses, percebendo que sua tática malograra, fugiram pelo vale de um rio acima, o Bando Sagrado de Tebas foi cercado. A maior parte do exército grego rendeu-se ou fugiu, mas o Bando Sagrado continuou lutando até que 254 dos trezentos homens foram mortos.

Pela primeira vez na história um forasteiro controlava a Grécia continental. Para celebrar essa vitória sem precedentes, Filipe embriagou-se, uma tradição macedônia para marcar o triunfo em uma batalha. Cambaleando entre os prisioneiros de guerra, ele zombou dos atenienses pelo fracasso. Um dos cativos, Dêmades, orador tarimbado nos tumultuados debates políticos de Atenas, deteve o rei macedônio em seu percurso citando versos da *Ilíada* que punham a nu a diferença entre um rei de excelente caráter e um bufão. Aferroado pela citação, Filipe recobrou-se da bebedeira para se concentrar no problema de como transformar seu triunfo militar em vitória política. Como os tebanos haviam sido aliados da Macedônia, Filipe encarou-os como traidores quando eles se uniram a Atenas e instalou soldados macedônios em Tebas como guarnição permanente. Com Atenas, conseguiu chegar a um acordo pacífico: interessava-lhe ter a seu lado a cidade mais famosa da Grécia quando iniciava um novo e ousado plano, uma grande guerra de vingança com raízes muito antigas na história grega. Filipe planejava atacar o Império Persa na Ásia para vingar algo de que todo grego se lembrava: cinco gerações antes os persas haviam atacado o continente grego, queimando os templos dos deuses antes de serem rechaçados por uma aliança de gregos amantes da paz.

§ 6.

Na verdade, nos primeiros anos das Guerras Persas (499-479 a.C.), os próprios gregos haviam queimado um templo em território persa. Na memória dos gregos, porém, os persas é que haviam sido os invasores, desrespeitando os deuses e ávidos para escravizar as pessoas livres da Europa. Durante todo o século IV, personalidades políticas gregas, como o ateniense Isócrates, lançaram apelos públicos por uma cruzada contra a Pérsia. Agora Filipe iria fazer o que ninguém jamais fizera: comandar uma aliança de forças militares gregas, com macedônios à frente, para derrotar e humilhar os persas. O monarca persa era tão poderoso, reinava sobre territórios tão extensos e possuía riquezas tão vastas que os gregos o chamavam de "o Grande Rei". A guerra de Filipe seria portanto um empreendimento heroico. Ao saber dos planos do pai, Alexandre deve ter inflado de orgulho e ambição. Ele crescera lendo poemas épicos sobre a lendária Guerra de Troia, e agora seu pai planejava ser um rei Agamenon em carne e osso, fazendo guerra na Ásia contra um atemorizante adversário. Esse plano exigiria a coragem de Aquiles, a sabedoria de Nestor e a astúcia de Odisseu, os heróis mitológicos cujas proezas haviam constituído a educação de Alexandre. Ele sabia pela leitura de Heródoto que não era permitido aos herdeiros do trono persa partir para a guerra antes dos vinte anos; ele, o herdeiro macedônio, não enfrentaria restrições semelhantes. Tinha dezoito anos e iria para a Ásia competir nessa suprema disputa por excelência em escala global. Precisava apenas continuar em bons termos com o pai, seu rival pela honra.

Filipe não podia deixar a Europa a menos que sua posição ali estivesse segura, e para isso precisava de uma forte aliança e de reconhecida legitimidade. Quando ele convocou as cidades-Estado da Grécia continental para uma reunião, todas elas enviaram representantes, exceto os espartanos (que pagaram por sua rebeldia quando Filipe usurpou parte substancial de seu território). Como durante as Guerras Persas os gregos haviam se reunido em Corinto para planejar sua defesa, Filipe escolheu essa cidade para a reunião do que chamou de aliança ofensiva "dos gregos". Ele era inquestionavelmente o chefe da aliança, mas arranjou para que "os gregos" o elegessem para o comando sob o título *hegemon*, palavra grega para designar o comandante de uma federação voluntária regida por consenso, e não pela força. Ao mascarar a rude realidade de seu status sob a linguagem da igualdade e da cooperação, o politicamente astuto rei da Macedônia ajudou os gregos a evitar vergonha maior. Na condição de aliados, e não de súditos, eles estariam menos propensos a causar dificuldades pelas suas costas. Por segurança, porém, Filipe instalou guarnições militares em locais-chave da Grécia.

Como rei macedônio, ele agiu também para construir o apoio e a segurança em sua terra natal. Quando voltou de Corinto para Pela, porém, tudo parecia estar se desintegrando: a

> **COMPETIÇÃO ENTRE PAIS E FILHOS**
>
> Filipe, pai de Alexandre, orgulhava-se dos feitos precoces do filho. Quando o menino chegou à adolescência, contudo, os dois se tornaram rivais, de uma forma em geral descrita nos mitos gregos. Na literatura grega que Alexandre amava, a estrutura do Universo surgia da rivalidade entre pai e filho. Hesíodo, o famoso poeta do século VIII a.C., descreveu a história cheia de violência do nascimento dos deuses: Gaia (Terra) e Urano (Céu) foram as primeiras divindades, brotadas do Caos (Vazio), e produziram uma segunda geração de deuses, entre os quais estava um filho, Cronos. Para evitar que seus filhos rivalizassem com seu poder, Urano enfiou-os de volta no ventre de Gaia. Cronos conspirou com a mãe e, quando o pai voltou a fazer sexo com Gaia, o filho cortou fora os genitais do pai com uma faca curva. Em seguida Cronos apoderou-se do status do pai como soberano do Universo. Ele se casou com sua irmã Reia, produzindo uma terceira geração de deuses. Odiando seus filhos, Cronos os engolia assim que nasciam para mantê-los sem poder. Quando Zeus nasceu, Reia, furiosa com o esposo, enganou-o, fazendo-o comer uma pedra no lugar do filho. Zeus cresceu escondido na ilha de Creta. Quando estava forte o bastante, derrotou o pai, confinou-o numa prisão para todo o sempre e fez-se ele próprio o rei dos deuses. Para Alexandre, essa horripilante história revelava uma verdade cósmica sobre pais e filhos.

unidade da elite macedônia por trás de seu rei, a relação de mútuo respeito e cooperação entre ele e o filho Alexandre. Após Queroneia, os soldados começaram a dizer: "Filipe é nosso general, mas Alexandre é nosso rei." O próprio Alexandre se queixava para os amigos de não estar recebendo reconhecimento suficiente pela vitória naquela batalha, ou pela guerra com os medos. Nessa ocasião, também, Filipe acusou sua esposa Olímpia de infidelidade e expulsou-a de seus aposentos. Essa desonra para a mãe foi uma desonra para Alexandre.

§ 7.

O conflito entre pai e filho transformou-se numa crise depois que Filipe arranjou outro casamento, com Cleópatra, sobrinha de Átalo, aristocrata que era um de seus generais. Com esse casamento, ele pretendia criar um vínculo forte com o comandante que encabeçaria o ataque à Pérsia, mas o banquete para celebrar as próximas bodas transformou-se num desastre familiar. Alexandre, que estava presente, apesar da desgraça de sua mãe, escarneceu do pai dizendo-lhe: "Quando minha mãe se casar de novo eu certamente o convidarei para o casamento." Na mesma noite, o tio da noiva, Átalo, ficou bêbado e pediu em altos brados aos convidados que rezassem por um "legítimo herdeiro" para o trono macedônio. Isso foi um insulto terrível para Alexandre. A noiva de Filipe era da Macedônia, ao contrário de Olímpia, vinda do Épiro. Átalo estava sugerindo que um filho nascido de Filipe e Cleópatra seria mais macedônio que Alexandre. Pior ainda, insinuava que o talento de Alexandre e suas façanhas na guerra não lhe conferiam o direito de ser rei após Filipe. O jovem que comandara sozinho um exército para destruir os medos e que atacara e derrotara o Bando Sagrado de Tebas era menos merecedor que um bebê que ainda nem nascera (ou nem mesmo fora concebido).

Alexandre gritou de imediato: "Seu cabeça ruim!" (*kakē kephalē*). Essas palavras aparentemente brandas em grego, de fato impregnadas da mesma emoção colérica de "Seu idiota!" para nós, constituíam o insulto que Alexandre, assim como os personagens das fábulas de Esopo que ecoavam nos ouvidos de todo grego, usava para expressar fúria avassaladora. Ele acrescentou: "Nós lhe parecemos bastardos?" Em seguida jogou em Átalo a taça em que bebia. Filipe levantou-se de um salto e puxou a espada para atacar o filho. Tão bêbado quanto Átalo e tão irado quanto Alexandre, o rei imediatamente deu um passo em falso e caiu no chão diante dos convivas horrorizados. Alexandre zombou do pai, dizendo: "Esse estúpido que planeja levar homens da Europa para a Ásia não consegue nem passar de um divã para outro!"

Na esteira dessa tragédia, Alexandre pegou a mãe e saiu da Macedônia. Deixando-a em sua terra natal com o irmão Alexandre I, rei do Épiro, Alexandre viajou para a Ilíria, ao norte. Isso chocou muito. Filipe teve de se perguntar o que o filho estava fazendo ao se refugiar com os mais encarniçados inimigos da Macedônia. O jovem nunca ficara ocioso e fora treinado desde a infância para agir agressivamente a fim de moldar seu novo mundo. O menino que arriscara a vida numa aposta por causa de um cavalo irascível dificilmente deixaria de buscar vingança para um insulto tão terrível que o forçara a sair de casa com a mãe. Esse insulto lhe negava o direito de reinar. A única vingança possível seria reconquistar esse direito, vencer a competição pela excelência de um modo que ninguém pudesse negar. Filipe temeu que o filho comandasse um exército ilírio na invasão da Macedônia para tomar o poder e restaurar sua honra. Essa possibilidade muito real – Alexandre já comandara um ataque e fundara uma cidade em seu próprio nome – tornava impossível dar continuidade a seus planos para a invasão da Ásia. Filipe não podia deixar a Europa enquanto crescia semelhante ameaça a seus planos, seu trono e sua vida. A combinação nefasta de inveja, ambição, raiva e álcool revolvida no cadinho superaquecido da politicagem real macedônia estava à beira de destruir tudo aquilo por que lutara.

3. O perigo de herdar o trono de um pai assassinado (337-335 a.C.)

§ 1.

Uma trégua solucionando a guerra potencial entre pai e filho se fez inesperadamente por meio da intervenção de Demarato, grego de Corinto que desfrutava de uma relação de "hospitalidade" com a família real macedônia. Essa condição permitia a Demarato falar francamente com o rei. Como grande parte do veneno na discórdia entre Alexandre e o pai girava em torno do status relativo de ambos aos olhos da elite macedônia, era necessário um forasteiro para estabelecer a paz. Demarato censurou Filipe pela desunião que ele criara em sua própria casa naquele momento crítico, quando tentava manter uma aliança entre gregos para uma arriscada invasão da Pérsia. Filipe seguiu o conselho e procurou entrar em contato com o filho.

Nenhuma fonte registra a mensagem que Filipe enviou a Alexandre. Sejam quais forem as palavras que usou, elas alteraram os termos de um dilema difícil para Alexandre: suas chances de sobrevivência, sucesso e honra seriam melhores rebelando-se contra o pai tendo os ilírios como aliados, ou retornando a Pela e à competição de vida ou morte pela preeminência na violenta arena da corte macedônia? Alexandre voltou para casa no final de 337. Não pode ter sido uma reunião alegre, e não há nenhum sinal de que ele e o pai tenham algum dia retomado uma relação de mútua estima e objetivos partilhados com confiança.

§ 2.

Outra crise surgiu quase de imediato. O rei persa Artaxerxes III morrera em 338. A politicagem real persa era tão selvagem e implacável quanto a da Macedônia, e a morte de um rei gerava inevitavelmente conspirações, traições e assassinato em meio aos filhos e primos reais, até que emergisse alguém forte o bastante para manter o poder. Naquela altura, os planos de Filipe de atacar a Pérsia não eram segredo para ninguém, e os persas sabiam que uma luta pelo trono vago certamente não os deixava em condições de defender o império contra uma ameaça macedônia.

Pixodaro, governante local da Cária, província da Anatólia (hoje Turquia) na fronteira oriental do império, agiu para tentar proteger seus próprios interesses. Ele enviou uma carta a Filipe propondo o casamento de sua própria filha com Arrideu, filho mais velho de Filipe e meio-irmão de Alexandre. Ao oferecer a diplomacia por meio de casamento, Pixodaro tentava comprar um seguro de vida, por assim dizer, para o caso de o novo rei da Pérsia provar-se fraco e de um exército macedônio grande e mortífero aparecer nas fronteiras de seu domínio na Cária. Não conhecendo a família real macedônia, Pixodaro supôs que Arrideu era a melhor escolha como marido potencial para a filha, pois, como filho mais velho, gozava presumivelmente de status mais elevado e de melhores perspectivas para o futuro. Essa suposição, porém, era falsa. Arrideu sofria de algum tipo de deficiência mental – nossas fontes não são específicas – e nunca desempenhou papel importante na política da Macedônia, tanto sob Filipe quanto mais tarde sob Alexandre.

Os detalhes do oferecimento de Pixodaro baseavam-se num engano compreensível, mas Olímpia e suas amigas incitaram Alexandre, dizendo-lhe que aquele era mais um sinal de que Filipe estava tentando substituí-lo como herdeiro real. Alexandre mordeu a isca. Escreveu ele mesmo a Pixodaro, sem nada contar a Filipe. Ofereceu-se como marido para a filha do cariano, dizendo que a deficiência do irmão o tornava inadequado. Para Alexandre, propor uma aliança política com uma potência estrangeira sem o conhecimento do pai representava enorme risco; ele devia ter a impressão de viver à beira de um penhasco. Pixodaro escreveu de volta dizendo que ficaria encantado em ter Alexandre como genro.

Alguém informou Filipe dessas negociações secretas. O rei investiu contra o filho mais novo para repreendê-lo. O foco da indignação de Filipe sugere que, nesse caso, Alexandre cometeu um nada característico erro de cálculo. Plutarco conta a história da furiosa confrontação entre pai e filho, e nesse relato Filipe estava furioso não com a intromissão do filho em negócios do reino, mas com seu erro de julgamento em matéria de honra. O jovem calculara que o casamento com a filha de uma autoridade persa era um prêmio que merecia ser disputado. Filipe o acusou de se rebaixar ao se oferecer como marido. Pixodaro podia ser governante na Cária, mas Alexandre deveria tê-lo visto como escravo de um rei bárbaro, um aliado indigno e certamente um sogro indigno.

Nenhuma fonte nos conta quem revelou o plano de Alexandre a Filipe. Pode ter sido Filotas, um dos companheiros do rapaz e filho do importante general macedônio Parmênio. Plutarco diz que Filipe levou Filotas consigo quando acusou Alexandre. Posteriormente ao desastroso "Caso Pixodaro",

Filipe exilou vários companheiros do filho – seus grandes amigos Ptolemeu, Hárpalo, Nearco e Egírio –, mas permitiu que Filotas ficasse. Ou Filipe culpava esses jovens por encorajar Alexandre a agir pelas suas costas, ou estava fingindo culpá-los, de modo a ter uma desculpa para não punir o próprio filho. Agora que estava de volta a Pela, Alexandre certamente desempenharia um grande papel como comandante durante a invasão da Ásia. Ele continuou na corte, mas deve ter sentido um choque ao perder a companhia de seus amigos mais próximos, e choque ainda maior ao saber que um dos que lhe eram mais chegados teria cometido a traição de denunciá-lo. Mesmo que esse amigo acreditasse que ao informar Filipe estava salvando Alexandre de cometer um erro catastrófico, este teria visto a atitude como falta de confiança, fé e, portanto, como uma ofensa à sua honra. Agora ele se encontrava ainda mais isolado, exposto a um perigo maior num ambiente de boatos e perfídia.

Olímpia não voltou para o lado de Filipe e para a companhia do filho. Permaneceu na corte do irmão no Épiro. Ofendida por ter sido rebaixada a "segunda esposa" em favor da nova mulher do rei, trabalhou para transformar o irmão num aliado em sua vingança contra Filipe. Mas este a sobrepujou em astúcia, demonstrando maestria na diplomacia do casamento político que evidentemente faltava ao filho. Ele e Olímpia tinham uma filha, irmã germana de Alexandre, que também se chamava Cleópatra. Filipe ofereceu essa Cleópatra como esposa para Alexandre do Épiro, irmão de Olímpia e tio da jovem. O rei do Épiro aceitou, tornando-se assim genro de Filipe; claro que avaliou que o dever de cooperar com o sogro sobrepujava qualquer obrigação em relação à sua irmã irritada. Essa solução devolveu a honra à relação entre Pela e Épiro, mas nada fez em favor do status gravemente prejudicado de Olímpia ou do orgulho profundamente ferido de seu filho Alexandre.

§ 3.

Em 336 o turbilhão de planos diplomáticos e militares de Filipe para a invasão da Ásia avançava com grande rapidez, e a situação candente entre pai e filho finalmente se encerrou – com o assassinato do rei. Esse desfecho sangrento sacudiu o já conflituoso reino da Macedônia, e o crime foi perpetrado nas bodas reais entre Cleópatra, filha de Filipe, e Alexandre I, rei do Épiro. O casamento foi realizado na terra natal da noiva, a capital original da Macedônia. A escolha do lugar lisonjeava Alexandre I, pois ele era o hóspede de honra do mais poderoso soberano fora da Pérsia, mas também o recolocava em seu lugar. Casamentos geralmente ocorriam no lar do noivo, para mostrar que doravante a noiva pertencia à família do marido, e não ele à família dela. Ao fazer Alexandre I se deslocar do Épiro para a Macedônia, Filipe afirmava não o considerar verdadeiramente um igual, mas sim alguém submetido à sua autoridade. O casamento deveria ser também um evento internacional, uma vitrine da glória macedônia, com um festival para homenagear os deuses e pedir seu apoio para a iminente campanha militar que levaria uma força europeia de invasão à Ásia.

Filipe já havia pedido uma profecia ao oráculo de Apolo em Delfos; segundo a relação de reciprocidade (desigual) que os gregos supunham existir entre seres humanos e deuses, Filipe tinha o direito de esperar boas notícias de Apolo como retribuição por ter protegido seu santuário na Guerra Sagrada.

Quando Filipe perguntou se derrotaria o Grande Rei da Pérsia, a sacerdotisa respondeu, como sempre fazia, com um verso no estilo de Homero, proferido num estupor semelhante ao transe: "O touro usa uma guirlanda [isto é, está pronto para ser sacrificado]; o fim está próximo; aquele que o sacrificará existe." Esse verso obscuro era típico das respostas oraculares; cabia aos interrogadores decodificar por si mesmos o que o deus queria dizer. Filipe concluiu, com muito otimismo, que o "touro" a ser sacrificado era o rei persa, e que "aquele que o sacrificará" era ele próprio, pois seus preparativos para a guerra estavam quase prontos. Repleto de confiança, mandou seus mais graduados generais entre a elite macedônia, Átalo e Parmênio, seguirem na frente para a Anatólia com uma força avançada, anunciando que seu exército estava a caminho para libertar os gregos da Ásia de seus opressores persas. Sua guerra em busca de vingança e glória fora iniciada.

Antes de cruzar ele próprio para a Ásia, porém, Filipe quis promover um grande evento em casa. Tudo deveria ser perfeito para mostrar a confiança do rei em seu plano de se tornar o homem mais famoso do mundo. A presença e o apoio visível de Alexandre eram necessários, pois a demonstrada excelência e a fama arduamente conquistada do filho refletiriam a glória do pai. Uma multidão internacional, macedônios e gregos, reuniu-se para aplaudir o evento de abertura, uma parada rumo a um grande auditório ao ar livre. A escala dessa procissão assemelhava-se à das cerimônias de abertura dos Jogos Olímpicos modernos, mas a procissão de Filipe homenageava os deuses, não os atletas. Ele havia ordenado que os artistas fizessem estátuas representando os doze deuses olímpicos, decorando-os com dispendiosos ornamentos para mostrar respeito. Esses doze deslumbrantes objetos lideravam a parada, mas a estátua mais extraordinária era a décima terceira: uma representação do próprio Filipe no mesmo estilo magnífico.

A multidão deve ter ficado pasma. A mensagem completa que Filipe tentava comunicar ao se acrescentar a essa parada de deuses era tácita, mas não havia como não perceber o supremo orgulho e confiança do rei em sua condição de chefe inconteste do mundo macedônio e grego. Para enfatizar essa ideia, o rei entrou no estádio vestindo um manto branco brilhante e acompanhado apenas pelo filho e pelo novo genro, Alexandre da Macedônia e Alexandre do Épiro. Não havia guarda-costas. O *hegemon* dos gregos queria mostrar que estava seguro acerca da boa vontade de seus parentes próximos e dos aliados da Grécia, sem necessidade de uma muralha de lanças para protegê-lo.

De repente um homem chamado Pausânias puxou uma faca de sob o manto e correu em direção ao rei desprotegido. Esfaqueou-o até que ele caiu morto na arena, diante dos olhos do público reunido na expectativa de assistir a uma alegre celebração. O assassino virou-se para fugir, mas tropeçou numa videira e caiu. Na comoção do momento, macedônios armados o cercaram e o mataram ali mesmo a golpes de lança. Como tantos assassinatos políticos desde então, o de Filipe da Macedônia nos convida a conjecturar sobre motivos e conspirações. Terá Pausânias agido sozinho? Autores gregos antigos concordam que ele foi movido pela vingança. Algum tempo antes, como parte de uma disputa pessoal, o general Átalo havia orquestrado um violento ataque sexual a esse homem. Filipe soubera disso e tentara apaziguar Pausânias com um presente em dinheiro e uma promoção, mas nada fez para punir Átalo; precisava dele como alto comandante contra a

Pérsia. O ressentimento do humilhado Pausânias fermentou cada vez mais até explodir numa raiva assassina.

Estudiosos modernos que investigam esse antigo mistério veem sinais de conspiração. Se o motivo tivesse sido vingança pelo estupro, por que Pausânias matou Filipe, e não Átalo? Outros alimentavam rancores contra o rei, em especial sua "esposa número dois", Olímpia, mãe de Alexandre. A antiquíssima pergunta da investigação policial, "Quem se beneficiou?", aponta diretamente para Alexandre, que não só compartilhava as queixas da mãe como também tinha chances de se tornar rei no lugar do pai. Em apoio a essa teoria conspiratória há a morte convenientemente rápida de Pausânias, antes que qualquer pessoa pudesse interrogá-lo; os homens que a levaram a cabo eram todos amigos de Alexandre. Teria Alexandre, instigado pela fúria da mãe, convencido Pausânias a cometer esse ato? Ou teria ele talvez simplesmente manipulado Pausânias em direção ao assassinato? Plutarco diz que quando Pausânias se queixou da agressão sofrida a Alexandre, este lhe respondeu unicamente com uma citação da peça de Eurípedes, *Medeia*, que falava de assassinar "o pai da noiva, o noivo e a noiva".

Ninguém jamais desvendará o mistério da morte violenta de Filipe II na véspera de sua grande expedição à Ásia, ainda que ela se situe no próprio centro da vida de Alexandre. Teria o jovem príncipe conspirado para matar seu próprio pai no intuito de proteger sua posição como herdeiro e seu caminho rumo à glória suprema? O regicídio, a morte de um rei, é sempre um crime terrível, mas o parricídio, a morte de um pai, manchava os assassinos (os gregos estavam convencidos) com uma terrível contaminação que os tornava odiados por todos os deuses e inadequados para a vida em qualquer comunidade; sua simples presença infligia um contágio letal aos que o cercavam. O mitológico Édipo era para todos os gregos um poderoso símbolo das terríveis consequências do parricídio, uma vez que seu crime (não intencional) causara a peste mortal numa cidade inteira e o deixara vagando, cego e sem lar. Podia alguém contaminado dessa maneira seguir adiante rumo ao sucesso, à honra e à glória? As fontes antigas nunca hesitam em sugerir conspirações e sempre gostam de relatar evidências desabonadoras sobre Alexandre. Mas nunca o acusam de matar o pai.

§ 4.

Não paira absolutamente nenhuma dúvida sobre a ação decisiva e violenta que Alexandre empreendeu para assegurar seu status como sucessor de Filipe. Como os herdeiros reais macedônios sempre tinham feito, ele não poupou nenhum esforço para eliminar todas as ameaças à sua vida e a seu domínio. Sendo filho do rei, sempre soubera que sua vida estava em constante perigo; sempre dormia com uma faca sob o travesseiro. Agora a faca vinha à tona. Uma acusação de "conspiração para o assassinato do rei" era toda a desculpa de que precisava para matar quem se interpusesse no caminho de sua coroação. Um dos primeiros a morrer foi Átalo. Ele havia tramado a atrocidade que impelira Pausânias a matar Filipe. Mas seus verdadeiros crimes foram insultar a legitimidade de Alexandre quando estava bêbado, no banquete para Filipe, e, agora, sua alegada conspiração para derrubar o novo rei. Os agentes de Alexandre encontraram Átalo estacionado no noroeste da

Anatólia com seu colega e sogro, o general Parmênio, e as forças avançadas do exército macedônio. Quando os homens de Alexandre mataram Átalo, nem Parmênio nem os soldados esboçaram qualquer reação pública. Eles eram macedônios e conheciam os riscos e perigos das sucessões reais.

A mando de Alexandre, seus homens mataram seu primo e contemporâneo Amintas, agora um adulto jovem, filho de Pérdicas III, a quem Filipe havia protegido por mais de vinte anos. Amintas tinha sangue real, e não deveria haver nenhuma chance de alguém usá-lo como joguete num complô para manter o filho de Filipe fora do trono. Cada membro da família real tinha centenas de primos, e essa tênue relação de sangue não significava nada comparada à necessidade de segurança de Alexandre.

A brutal realidade da política macedônia exigia que as mulheres aliadas ao novo jovem rei passassem a assassinar também. Assim que Filipe morreu, Olímpia enfrentou a ameaça (e o constante insulto à sua honra) constituída pela última esposa de Filipe, Cleópatra, e a filha desta, Europa. Embora a criança fosse um bebê e do sexo feminino, Olímpia mandou matá-la; em seguida forçou Cleópatra a dar cabo da própria vida. As fontes dizem que Alexandre ficou contrariado com essas mortes, mas insinuam também que em seguida ele tratou de matar todos os parentes do sexo masculino de Cleópatra. Após o assassinato dos possíveis herdeiros, Alexandre e sua mãe precisaram se preocupar com a busca de vingança por parte das famílias enlutadas.

Nenhum homem poderia governar a Macedônia com base apenas em sua linhagem e na eliminação de outros herdeiros. O direito de Alexandre ao trono dependia do reconhecimento e da aprovação do exército macedônio. Assim, ele se apresentou aos soldados como rei, prometeu governar como o pai o fizera, acrescentando que os macedônios não teriam mais de pagar impostos à família real. O exército aprovou, e Alexandre agora teria o domínio do reino enquanto fosse capaz de conservá-lo.

§ 5.

Inimigos da Macedônia, ao sul e ao norte, procuraram imediatamente destruir o novo rei e o poder territorial, econômico e político que ele herdara de seu talentoso e vigoroso pai. Os gregos, "aliados voluntários" de Filipe para sua planejada cruzada contra a Pérsia, revoltaram-se sem demora e conseguiram expulsar pelo menos uma das guarnições macedônias de Filipe. Os bárbaros ao norte planejaram abertamente atacar a Macedônia, que viam como alvo fácil sob o comando vacilante de um perturbado jovem de vinte anos em luta para se estabelecer como rei.

Os conselheiros mais velhos de Alexandre estavam familiarizados com seu caráter e seu talento, mesmo assim lhe aconselharam cautela: ele devia abandonar a aliança com os gregos, desistir dos ambiciosos planos de guerra na Ásia e concentrar-se em proteger o país da ameaça proveniente do norte. Uma guerra em duas frentes, argumentaram eles, era demais. Alexandre rejeitou esses conselhos inteiramente. Fez o exército avançar de imediato para a Tessália, ao sul, e depois seguir para Tebas. Surpresos e amedrontados por aquela rápida aparição em seu próprio território, os gregos cederam, reafirmaram sua aliança com a Macedônia e aceitaram a liderança de Alexandre no lugar de Filipe. Num encontro em Corinto, os gregos o reconheceram como *hegemon* e comandante em chefe da aliança "dos gregos".

Longe de parecer esmagado pelos desafios de desarmar ou destruir inimigos em casa e no exterior, Alexandre reservou tempo durante a crise para perseguir o conhecimento e a compreensão sobre a melhor maneira de viver. Enquanto estava em Corinto recebendo homenagens dos gregos castigados, fez uma visita ao filósofo Diógenes. Este pensador incomum era conhecido por viver exatamente como lhe agradava, momento a momento; não tinha casa por escolha própria, muitas vezes dormia num imenso tonel virado, e conduzia todos os aspectos de sua vida, inclusive a defecação e a masturbação, em público, sem nenhuma vergonha. Seus críticos diziam que ele vivia "como um cão" (o termo grego para esse escárnio nos dá a palavra "cínico"). A intenção de Diógenes era mostrar seu desprezo pelas convenções comuns da sociedade.

Quando Alexandre o encontrou, Diógenes estava deitado ao chão, tomando banho de sol. O recém-reconhecido líder dos gregos perguntou ao filósofo se ele desejava alguma coisa. "Bem, sim", respondeu Diógenes, "afasta-te. Estás bloqueando o meu sol." Os amigos de Alexandre zombaram do filósofo sem vintém e quase nu, mas o recém-reconhecido líder dos gregos lhes disse: "Se eu não fosse Alexandre, seria Diógenes." Onde seus amigos viam um excêntrico desgrenhado, Alexandre via, conta-nos Plutarco, um homem confiante de conhecer a melhor maneira de viver e certo de ser melhor que os outros homens. O jovem rei admirava essa suprema confiança porque se sentia exatamente da mesma maneira.

§ 6.

No antigo mundo grego, os exércitos em geral não realizavam operações prolongadas no inverno, quando o reabastecimento por terra ou mar era extremamente difícil. Por isso Alexandre foi passar em casa o inverno de 336-335. Na primavera de 335, entretanto, ele liderou seu exército rumo ao norte, transpondo 480 quilômetros da Macedônia até o rio Danúbio, através de montanhas íngremes e em meio a hostis tribos do norte. Estava claramente à altura dos desafios logísticos do deslocamento por terra e do reabastecimento numa guerra ofensiva rápida. Mostrou ao mundo ter capacidade de comando para motivar soldados veteranos numa campanha difícil. De maneira mais espetacular, demonstrou que, mesmo sendo um rei recém-designado e muito jovem, lidando com os desafios cotidianos de comandar um exército em marcha, era capaz de conceber constantemente planos inovadores e flexíveis para combater um inimigo astuto e perigoso.

Alexandre marchava com patrulheiros dispostos à sua frente e nos flancos. Estes colheram informação de que um bando de trácios planejava uma emboscada, estacionando carroças cheias de pedras bem no alto da encosta de uma montanha com planos de fazê-las rolar sobre as tropas macedônias quando estas estivessem marchando por um vale estreito. Advertido pelos patrulheiros, o rei instruiu seus homens a esperar a emboscada. Os macedônios espaçaram sua formação, deixando vazios pelos quais as carroças poderiam passar inofensivamente. Nos lugares em que o terreno impedia uma formação frouxa, Alexandre instruiu seus homens a formar um grupo cerrado, andando encurvados com escudos entrelaçados sobre suas cabeças; aqui as carroças trácias passaram por cima das tropas acocoradas. As carroças não causaram nenhum dano em parte alguma. Os autores da emboscada acabaram caindo nela. Os homens de Alexandre desbarataram o inimigo e capturaram um rico carregamento de despojos.

Alexandre provou que podia inovar em matéria de táticas ofensivas também. Os tribálios eram um adversário no caminho da invasão programada, metidos num acampamento inexpugnável. Alexandre escondeu sua cavalaria e infantaria pesada atrás de uma força de arqueiros e fundibulários. Os tribálios saíram correndo de seu reduto para atacar o que parecia um alvo fácil. Tendo-os atraído para fora, Alexandre jogou as tropas pesadas sobre seus flancos para uma vitória rápida e decisiva. Seus soldados, que deviam saber que um ataque direto a essa fortaleza teria saído caro, devem ter percebido que as táticas criativas do rei haviam salvado suas vidas.

O rio Danúbio, com seu curso rápido, era para os trácios como a Grande Muralha para os chineses: uma imponente linha de defesa. A corrente célere do rio havia arruinado os planos de Alexandre de fazer um apoio naval à frota navegar rio acima a partir do mar Negro. Impávido, ele confiscou canoas feitas de um tronco só dos moradores da margem do rio em que estava e mandou transformar as barracas de couro de seu exército em barcaças infláveis. Com essa flotilha improvisada, transportou 5 mil homens pelo rio numa única noite. O raiar do dia revelou os macedônios prontos para o combate. Vendo a facilidade com que Alexandre havia derrotado esse "Maior dos Rios", os bárbaros que dominavam a margem norte fugiram e as tribos suplicaram por paz com esse rei que não conhecia limites. Na verdade, a genialidade de Alexandre continuou tão vívida na memória dos trácios que durante meio século nenhum deles voltou a atacar a Macedônia.

A oeste dos agora pacificados trácios estava o mais implacável inimigo da Macedônia, os ilírios. Em seguida Alexandre marchou contra eles. Uma força de coalizão de bárbaros surpreendeu seu exército num vale onde, ao que tudo indicava, os macedônios não tinham como escapar de um mortal fogo cruzado. Apanhado entre duas forças, o jovem rei valeu-se do que havia aprendido sobre os ilírios quando se autoexilara entre eles não muito tempo antes, e concebeu um plano que se baseava tanto na compreensão da psicologia do inimigo quanto em sua capacidade de improvisar novas formas de luta nunca antes experimentadas. Para ganhar espaço para seus homens manobrarem, ele encenou um episódio agressivo de treinamento preciso: os homens manejavam as sarissas com precisão e emitiam seu grito de batalha ao mesmo tempo que batiam as lanças contra seus escudos. Os bárbaros que bloqueavam um flanco recuaram, estupefatos. Em seguida ele usou as catapultas da artilharia para fornecer fogo de supressão – até então, estas só haviam sido empregadas contra fortificações, nunca como armas no campo, em luta corpo a corpo. Instruiu os arqueiros a assumir posições de fogo postando-se no riacho atrás do exército. Sob uma chuva de projéteis pesados e leves, as tropas macedônias escaparam pela água sem perder um só homem. Alguns dias depois, Alexandre se vingou e preservou sua honra voltando a cruzar secretamente o canal durante a noite e destruindo o inimigo, que pensava que ele havia fugido.

O historiador Arriano, cujo relato da carreira de Alexandre depois que este se tornou rei é considerado em geral o mais confiável que temos, introduz em sua descrição da expedição do Danúbio uma provocativa interpretação acerca da motivação do rei. Ele diz que "Alexandre foi tomado pelo *pothos* de ir além do Danúbio". *Pothos* em grego significa algo como "desejo do que não temos, uma ânsia, um anelo". (*Pothos* não deve ser confundido com *pathos*, "experiência de sofrimento".) O termo sugere até a tristeza de perder alguém que já tivemos, ou pelo menos que realmente desejaríamos ter. O que Arriano quer dizer ao usar essa palavra para explicar a motivação de Alexandre? Por que Alexandre "ansiava" por ir além de um rio que nunca vira antes? Evidentemente, como Arriano observa, a visão que Alexandre tinha de sua própria honra exigia que ele cruzasse o rio para derrotar os bárbaros que o ameaçavam a partir do outro lado, mas por que então o *pothos* "de ir além"? Uma possibilidade era que, mais uma vez, a leitura de Alexandre sobre os grandes vultos do passado tivesse infundido nele o anseio de conquistar uma glória ainda maior que a deles; ele ficaria inconsolável se não pudesse "ir além" desses heróis. Nesse caso, devia se lembrar do relato de Heródoto sobre como, quase duzentos anos antes, o famoso rei persa Dario I – o Grande Rei que promoveu a primeira invasão persa da Grécia nas Guerras Persas – tinha "ido além" do Danúbio. Mas o "ir além" de Dario redundara em vergonhoso fracasso. Os bárbaros nortistas o forçaram a retroceder amedrontado para a margem sul do rio e esgueirar-se de volta para casa. Alexandre, podemos imaginar, ansiava por superar Dario "indo além" do Danúbio numa campanha militar exitosa, numa expedição que criaria um registro de glória, e não de humilhação, que as futuras gerações iriam ler. E foi precisamente isso que ele levou a cabo ao transportar suas tropas através do rio sob grande perigo; os bárbaros entraram em pânico quando ele apareceu de repente na outra margem. Foram incapazes de enxotá-lo com o rabo entre as pernas, como seus ancestrais haviam feito com Dario, e ainda fizeram um acordo de paz nos termos ditados por Alexandre que durou por duas gerações, embora ele nunca tenha visitado a região de novo. Ao transpor o Danúbio,

> **ARRIANO**
>
> Arriano, que escreveu em grego no século II d.C., teve uma bem-sucedida carreira no governo e nas forças armadas do Império Romano. Sua experiência como comandante faz dele a única fonte antiga remanescente sobre Alexandre a ter conhecimento direto da maneira como o exército operava. Na introdução a seu relato da expedição de Alexandre (*A Anabasis*, "A marcha país acima"), ele revela ver a si próprio como em competição com os outros que haviam escrito sobre o rei macedônio. Critica as obras dos demais como por vezes contraditórias e explica que se baseou nas histórias (hoje perdidas) de Ptolemeu e Aristóbulo.
>
> Imerso na filosofia grega, em especial no estoicismo, Arriano escreveu uma obra que registra as ideias do famoso mestre estoico Epicteto. Ao narrar a história de Alexandre, ele deixa claro que princípios com bases filosóficas são decisivos para guiar a vida de uma pessoa. Numa das poucas passagens em que criticou Alexandre (4.7.5), Arriano observa que nada – nem mesmo força física, eminência social ou sucessos na guerra ainda maiores que os desse líder – tem qualquer utilidade para a felicidade de alguém se esse alguém, além de realizar grandes coisas, não possuir também um ponderado autocontrole, porque nenhuma outra vitória importa se não conseguimos obter a vitória sobre nós mesmos.

Alexandre satisfez seu *pothos*: foi além do que qualquer outra pessoa no mundo jamais avançara, estabelecendo para sua recompensa a lembrança na mente de gerações futuras, uma "fama que nunca morre", como disse Homero sobre aquilo pelo que Aquiles ansiava. Nessa altura dos acontecimentos, fazia um ano que Alexandre era rei.

§ 7.

Alexandre sabia que a expedição ao norte contribuía para o eterno cômputo de sua glória. Para os gregos lá no sul, contudo, ela foi invisível. Ninguém sabia o que ele estava fazendo, e corriam até rumores de que o jovem *parvenu* havia sido morto na Ilíria; dadas a ferocidade das tribos do norte e a juventude de Alexandre, era fácil acreditar nesses boatos. Alguns dos gregos que haviam homenageado Alexandre como seu novo *hegemon* menos de um ano antes agora declaravam sua independência em relação à liderança da Macedônia. Alexandre ainda se encontrava muito ao norte, mas era mais bem-informado que os gregos, e ficou sabendo dessa traição dos juramentos. Como a cidade de Tebas encabeçava a revolta em relação à aliança jurada em Corinto, Alexandre dirigiu seu exército para essa cidade, a 720 quilômetros de distância. Ele a alcançou em catorze dias, fazendo seus homens marcharem em terreno agreste e acidentado, através de quatro cadeias de montanhas, sob constante ameaça de ataque por tribos hostis e belicosas. Um exército em marcha normalmente é como uma cobra pesada, de movimento lento; a notícia de seu progresso corre à frente do majestoso avanço. Mas como o exército de Alexandre moveu-se mais depressa que qualquer notícia, "ele foi seu próprio mensageiro para Tebas", para usar uma antiga expressão grega. Os gregos ficaram tão aterrorizados com o aparecimento inconcebivelmente abrupto de Alexandre em território tebano quanto os bárbaros haviam ficado quando ele cruzara o Danúbio, mas apesar disso se recusaram a chegar a um acordo com ele. O que se seguiu foi um desastre para o povo de Tebas e um momento controverso no início do reinado de Alexandre.

Embora ele tivesse chegado a Tebas mais depressa do que qualquer pessoa teria julgado possível, não se apressou em atacar seus aliados rebeldes. Aguardou dois dias, na esperança de que os tebanos reingressassem voluntariamente na aliança "dos gregos". Tebas era a terra de seu ancestral Héracles e o cenário de muitos mitos relatados na literatura de sua infância e juventude, inclusive o de Édipo. Mesmo depois que os tebanos enviaram uma surtida de cavalaria e tropas levemente armadas para fora de seus muros para importunar o exército macedônio, matando vários soldados, ele se conteve. O que aconteceu em seguida não é claro. O relato de Arriano é o mais simples: quando um de seus subcomandantes atacou a cidade sem sua autorização, Alexandre ordenou um ataque total para proteger a unidade exposta. Diodoro e Plutarco contam a história de outra maneira. Segundo Diodoro, Alexandre rogou aos tebanos que cumprissem sua obrigação para com "os gregos" e voltassem à "paz compartilhada entre parceiros", a meta formal da aliança. Plutarco diz que Alexandre pediu que os tebanos entregassem os líderes da rebelião em troca de "perdão sem punição" para todos os que retornassem à aliança. Em resposta, alguns tebanos gritaram das torres das muralhas da cidade que os gregos amantes da liberdade deveriam se unir a eles *e ao rei persa* na destruição do "tirano da Grécia". Ao ouvir isso, Alexandre sentiu "extrema dor" e ordenou a seu exército que atacasse a cidade.

"Tirano da Grécia" era um insulto imperdoável. Alexandre sempre via o presente através da lente do passado e sabia que a ponte entre o passado, o presente e o futuro era feita pelo poder das palavras, em particular as palavras da literatura. Em toda a literatura grega que sobrevive hoje, a rara expressão "tirano da Grécia" é mais frequente na peça de Eurípedes *As bacantes*. Alexandre amava Eurípedes e conhecia essa peça particularmente bem, pois o dramaturgo a escrevera meio século antes, quando vivia na corte real macedônia. A peça era sobre a natureza de Dioniso, o deus preferido da mãe de Alexandre em seu culto privado, cuja jornada mítica para o leste em direção à Índia havia incendiado a imaginação do jovem. Na peça, Penteu, rei de Tebas, é chamado de "tirano da Grécia" por sua insensatez juvenil ao rejeitar o deus Dioniso e a liberdade que ele oferecia aos seres humanos. Os tebanos sabiam o que estavam fazendo quando lançaram esse insulto. Como Penteu, Alexandre era jovem, voluntarioso e se considerava o legítimo senhor da cidade deles. Mas Penteu era um jovem tolo; na peça, ele é logrado pelo deus e aparece – numa cena muito perturbadora – vestindo-se com roupas de mulher antes de sair vagando para ser literalmente despedaçado, membro a membro, por sua própria mãe e pelas outras mulheres da cidade. O sentimento de honra de Alexandre levava-o a imitar Aquiles ou Héracles, e ele não podia suportar nem por um instante qualquer comparação com o passivo e fraco Penteu.

O exército de macedônios e gregos de Alexandre tomou Tebas. Ele convocou uma assembleia de representantes de seus leais aliados gregos. Com o incentivo deles, escravizou a população tebana e destruiu as construções da cidade. Tebas serviria como exemplo do que estava reservado para quem traísse juramentos de lealdade a Alexandre. Ao estabelecer um padrão que seguiria ao longo de toda a sua carreira, Alexandre não se esquivava da desforra direta, completa e selvagem, mas também reconhecia feitos heroicos e coragem com clemência tanto simbólica quanto direta. Em meio à destruição, ele ordenou a seus homens que poupassem a casa do famoso poeta Píndaro e protegessem os descendentes do poeta que ainda viviam em Tebas. Poupou também uma tebana, Timocleia, que havia assassinado um comandante trácio do exército de Alexandre. Esse homem agarrara Timocleia em sua casa na cidade e a estuprara. Mais tarde ele exigiu dinheiro para lhe poupar a vida. Ela lhe contou que a fortuna da família estava escondida num poço no quintal; quando ele se inclinou sobre a borda do poço, ela o empurrou e jogou pedras sobre ele até matá-lo. Os homens do comandante morto arrastaram Timocleia até Alexandre para que ele a punisse. Destemida, ela contou com orgulho ao rei que seu irmão havia lutado contra ele e seu pai em Queroneia, para defender "a liberdade dos gregos". Admirando a corajosa noção que a mulher tinha de sua própria dignidade, Alexandre deixou-a partir em liberdade com os filhos.

Voltando-se em seguida para Atenas, Alexandre exigiu que a cidade entregasse os homens que a haviam levado à rebelião. Tendo visto o destino de Tebas, os atenienses ficaram aterrorizados. Eles enviaram ao rei o orador Dêmades. Esse era o mesmo homem que havia censurado Filipe por se vangloriar após a batalha de Queroneia, e agora ele vinha para fazer uma súplica ao filho de Filipe. Desde a infância, Alexandre mostrara-se impassível ao medo, mas permanecera aberto à persuasão. Assim como Filipe foi persuadido a se reconciliar com o filho por Demarato, Alexandre foi persuadido pelo corajoso discurso de Dêmades. Ele voltou atrás das ordens para punir os atenienses e restabeleceu sua aliança com a cidade, que ainda era a capital cultural dos gregos.

§ 8.

Com toda a Grécia (exceto Esparta) alinhada agora a seu lado, Alexandre dedicou suas energias à invasão do Império Persa. Ele tinha motivos complexos para levar adiante o plano do pai, que já postergara por dois anos enquanto se firmava como rei e comandante digno desses nomes e à altura de todas as ambições de Filipe. A invasão traria glória para o homem que liderasse os gregos unidos na busca de acertar contas contra a maior potência do mundo. Alexandre iria emular e depois superar o exemplo do deus Dioniso ao explorar e conquistar o distante "Oriente". Ele descobriria e registraria conhecimentos sobre a natureza e a extensão do mundo oriental e seus povos, ainda em grande parte ignorados pela maioria dos gregos. Com esses objetivos e outros, ele "iria além" na demonstração de sua excelência, seguindo o que acreditava ser sua natureza verdadeira e única.

Alexandre rejeitou as recomendações de seus conselheiros mais velhos, que o alertaram para o perigo de se mover depressa demais. O rei deveria esperar, afirmaram eles, até ter se casado e tido seu próprio herdeiro; não havia outra maneira de assegurar a estabilidade política entre os macedônios durante uma guerra longa, perigosa e distante. O rei respondeu acaloradamente que, num empreendimento honorável e glorioso, qualquer atraso provocava vergonha e desgraça. Ele não era ingênuo e tinha aprendido com a habilidade do pai a manejar o poder persuasivo, por isso comprava boas relações em meio à elite social com doações de terras e bens reais. Quando seus amigos, espantados com o valor de suas recompensas, perguntaram o que sobraria para o próprio rei, Alexandre respondeu: "Minhas esperanças." Após tomar essas medidas para assegurar a boa vontade dos compatriotas, ele fez grandes – e absolutamente sinceros – esforços para ganhar o auxílio dos deuses. Sediou um festival e uma competição atlética internacional em homenagem a Zeus e às Musas, divindades do conhecimento, da arte e da cultura, e filhas de Zeus. Plutarco nos conta que Alexandre também foi em pessoa a Delfos consultar o deus Apolo em seu santuário, mas este estava fechado. Quando ele tentou arrastar a sacerdotisa para o templo a fim de que lhe transmitisse uma mensagem formal do deus, ela gritou espontaneamente: "És imbatível!" Isso bastava. As palavras da sacerdotisa lembraram a mensagem do oráculo para Filipe quando Alexandre nasceu, e lhe confirmaram que ele possuía realmente auxílio divino para sua expedição, apoio essencial para sua ânsia pela excelência de "ir além" e a recompensa que ela traria.

4. As primeiras batalhas contra o exército persa (334-332 a.C.)

§ 1.

Alexandre comandava um exército grande segundo os padrões macedônios e gregos. Ao iniciar sua expedição em 334, ele tinha 10 mil homens de sua força avançada já na Ásia, 32 mil soldados de infantaria (homens de falange pesadamente armados e escaramuçadores manobráveis levemente armados) e 5 mil homens de cavalaria. "Os gregos" forneceram contingentes significativos de homens. Provavelmente cerca de 40% da força expedicionária de Alexandre era formada por macedônios, cerca de 40% eram gregos e outros povos dos Bálcãs compunham os 20% restantes. Para manter sua pátria segura, ele deixou uma guarnição de 12 mil soldados de infantaria e 1.500 de cavalaria sob supervisão de Antípatro, experiente comandante da geração de Filipe. Antípatro era confiável. Durante as tradicionais festas regadas a muito vinho que eram o esteio da vida social na Macedônia, Filipe costumava dizer: "Ó, agora realmente temos de beber; Antípatro está aqui para continuar sóbrio."

Comparado às forças de seu inimigo, porém, o exército de Alexandre era insignificante. Durante os duzentos anos de sua história, o Império Persa crescera enormemente. O centro, a terra natal dos persas étnicos, era o Irã, mas suas províncias estendiam-se até o que chamamos hoje de Turquia a oeste; o Afeganistão, o vale indiano do rio Indo e o Paquistão a leste; as estepes das repúblicas da Ásia Central ao norte; e o Egito ao sul. Pelo menos trinta diferentes povos eram súditos da Pérsia, administrados localmente por governantes regionais chamados sátrapas. O território imperial da Pérsia era cinquenta vezes maior que a Grécia continental e a Macedônia combinadas; sua população, vinte vezes mais numerosa. O Grande Rei detinha o poder supremo, reinando a partir de palácios grandiosos em várias capitais. As obrigações dos súditos eram pagar impostos, enviar soldados para o exército e permanecer leais ao rei. Os macedônios eram mendigos comparados ao rei da Pérsia. Seus tesouros continham montes de ouro e prata, prontos para serem cunhados em moedas por ordem real. O exército persa ufanava-se de possuir 100 mil soldados de infantaria oriundos dos muitos povos do império, mas seu orgulho era a cavalaria, com 20 mil homens em plena força. A marinha era grande e prodigamente financiada, com os melhores navios e marinheiros fornecidos pelos fenícios, povo com séculos de experiência no mar. O Grande Rei também empregava dezenas de milhares de mercenários gregos como soldados de infantaria pesada – a superioridade dos gregos no combate a pé era universalmente reconhecida. Um exército devia ser capaz de se locomover, e para esse fim o Império Persa era todo entrecortado por um elaborado sistema de estradas que ligavam os principais centros. Apesar disso, as distâncias eram vastas e o terreno com frequência, acidentado. A extensão do império, a grande diversidade étnica do enorme exército e a confusão das diferentes línguas faladas por seus soldados criavam perpétuos desafios de logística e comando.

Alexandre enfrentava problemas mais urgentes. Ele comandava muito menos homens, cavalos e navios de guerra, porém o mais grave era a falta de dinheiro. Havia sido dispendioso reunir e equipar o exército, alimentá-lo e providenciar seu transporte para a Ásia. Quando ele finalmente atravessou o Helesponto, a faixa de água que separa a Europa da Ásia, viu-se com apenas setenta talentos em dinheiro e provisões para alimentar seus homens e animais durante trinta dias. Se não obtivesse logo uma vitória expressiva, a expedição estaria condenada.

§ 2.

A incursão inicial de Alexandre na Ásia foi anticlimática. O desembarque anfíbio num litoral hostil é o empreendimento mais arriscado numa guerra. O exército macedônio estava mais vulnerável que nunca ao desembarcar num canal de fluxo rápido sobre a costa. Fora por isso que Filipe enviara a força avançada, para assegurar uma cabeça de ponte. Mas o exército persa não ofereceu nenhuma resistência ao cruzamento de Alexandre. É possível que Dario III, o Grande Rei, não reconhecesse plenamente o perigo representado por esse jovem à frente de uma força fraca (pelos padrões persas). Provavelmente ele também estava preocupado com a sangrenta luta que se estendia por anos, motivada por sua sucessão ao trono. Dario delegou o problema de lidar com o invasor a Mêmnon, general grego oriundo da ilha de Rodes. Talvez o novo rei ainda não se sentisse seguro para confiar um grande exército a um comandante persa que talvez se tornasse um potencial rival seu.

A leitura do historiador grego Heródoto ensinara a Alexandre que transpor a linha divisória entre a Europa e a Ásia era um ato de tal significado que chamava atenção dos deuses. Fazer o exército atravessar essa linha divisória beirava a húbris, o terrível crime de "alçar-se acima de sua condição" de maneira arrogante e violenta, crime que os deuses levavam muito a sério. Para Alexandre – sempre respeitoso de imperativos religiosos e lições históricas vindas da literatura –, a necessidade de aplacar os deuses era tão importante quanto a de alimentar seus soldados ou fortificar o acampamento. Por isso, ele dedicou seu tempo a agir da maneira apropriada. Cruzou ele próprio o Helesponto separadamente de sua força principal, de modo a homenagear os deuses e heróis na antiga Troia, o cenário das batalhas descritas na *Ilíada* de Homero, assim como (ele também lera em Heródoto) fizera o rei persa Xerxes ao cruzar da Ásia para a Europa para atacar os gregos 150 anos antes. De ambos os lados do estreito, no lugar em que deixou a Europa e naquele em que desembarcou na Ásia, Alexandre construiu altares para Zeus, Atena e Héracles. Em seu navio, no meio da travessia, sacrificou um touro e fez uma libação de vinho para Posêidon e as Nereidas, que regiam o mar. Ao se aproximar da costa, arremessou uma lança sobre ela, proclamando que havia sido "conquistada pela espada, da parte dos deuses". Uma vez em Troia, ele fez sacrifícios para Atena. Sacrificou também para Príamo, o legendário (e derrotado) rei de Troia; esse sacrifício foi um ato de contrição, um pedido de perdão por ser descendente de Neoptólemo, que, como a poesia épica lhe ensinara, havia assassinado o velho rei quando os gregos tomaram Troia. Por fim, fez um sacrifício para Aquiles, "o melhor dos gregos". Alexandre observou melancolicamente que, em vida, Aquiles tivera a sorte de ter um amigo, Pátroclo, e na morte, Homero, o poeta que o imortalizara cantando seus feitos. Quando recebeu um augúrio promissor no templo de Atena em Troia, Alexandre ficou radiante; pegou como memento um escudo que havia sido ofertado ao santuário, deixando em seu lugar a própria armadura. Esse objeto sagrado avançou à sua frente nas batalhas subsequentes, um sinal de que ele havia obtido o apoio das deusas Atena e Niké (o espírito divino da vitória).

§ 3.

Quando Alexandre se deslocou para o sul, seu maior obstáculo foi, a princípio, o desafio diário de encontrar comida suficiente para o exército – os soldados, o pessoal de apoio (engenheiros, ferreiros, condutores, cozinheiros, médicos, carregadores) e os animais (cavalos de guerra, cavalos de tração, bois). O representante de Dario, o grego Mêmnon, aconselhou os generais persas a se retirar em face dos invasores, destruindo colheitas e reservas de alimentos ao longo da linha de retirada. Essa tática de "terra arrasada" logo teria reduzido o exército de Alexandre à inanição e muito provavelmente se mostraria um sucesso. Mas os comandantes persas recusaram-se a adotá-la. Sua noção do próprio status e o ciúme do prestígio de Mêmnon junto ao Grande Rei levaram-nos a escolher um curso de ação mais direto (e a seu ver mais honroso): formar uma posição defensiva ao longo da margem leste do rio Grânico, no noroeste da Anatólia. Eles estacionaram a cavalaria em frente à infantaria (na qual os 20 mil mercenários gregos eram de longe os mais eficientes). Essa formação significava que a infantaria grega do exército persa não estava posicionada no topo da margem do rio, onde poderia enfrentar os homens de Alexandre quando estes cruzassem o rio e investir sobre eles a partir do terreno mais alto com suas lanças de empunhar.

Parmênio instou Alexandre a não atacar. O inimigo ocupava o terreno mais alto do outro lado do rio, mas certamente se retiraria quando visse o tamanho das forças do invasor. Por que abrir caminho pela luta, se podiam simplesmente esperar e galgar a margem sem resistência? Alexandre respondeu que atacaria imediatamente; seria uma desgraça esperar. Para mostrar sua própria confiança e deixar claro para o exército o que estava em jogo, ele ordenou aos homens que consumissem até o último pedacinho de comida em suas limitadas reservas. No dia seguinte, disse-lhes ele, seu jantar seria um banquete tomado do inimigo.

Alexandre abriu a batalha comandando uma carga de cavalaria através do rio e margem acima, tendo a infantaria logo atrás. Com sua armadura reluzente e o elmo encimado por uma pluma branca, ele se destacava; seus homens podiam segui-lo com facilidade, mas era um alvo convidativo para o inimigo. As tropas macedônias moveram-se com dificuldade a princípio, emergindo da água e tendo de subir a custo a outra margem do rio. Mas o exemplo pessoal do rei e sua própria disciplina os impeliram adiante, e eles usaram suas longas lanças para quebrar a frente das linhas persas. No calor da batalha, Alexandre esteve a um centímetro da morte quando um golpe inimigo partiu seu elmo quase em dois. O rei matou esse agressor enfiando-lhe uma lança no peito, mas outro persa ergueu a espada para golpear por trás a cabeça desprotegida de

Alexandre. Cleito avançou em seu cavalo e cortou fora o braço do atacante uma fração de segundo antes que ele fendesse o crânio de Alexandre.

Os macedônios abriram uma clareira na cavalaria persa, fazendo-a fugir precipitadamente do campo. Os mercenários gregos foram cercados antes de entrar em ação. A maioria foi massacrada onde estava. Apenas 2 mil soldados sobreviveram para ser capturados; eles foram despachados para a Macedônia, onde trabalhariam como escravos na agricultura, em punição ao que Alexandre chamou de traição à liberdade dos gregos. Os únicos gregos que escaparam foram os poucos que se esconderam atrás das pilhas de cadáveres antes de se esgueirar sem serem vistos. Alexandre enviou trezentos conjuntos de armaduras do inimigo para Atenas, onde elas deveriam ser entregues como oferendas a Atena, com a inscrição: "Alexandre, filho de Filipe, e todos os gregos, exceto os espartanos, fazem esta oferenda do butim tomado dos estrangeiros que vivem na Ásia." Nesse estágio inicial da guerra de vingança, o *hegemon* dos gregos ainda estava ávido para declarar seu compromisso com a compartilhada missão de vingança da aliança.

§ 4.

A vitória no rio Grânico fez com que a maior parte das cidades-Estado gregas e regimes não gregos sob controle persa ao longo da costa da Anatólia ocidental passasse para o lado de Alexandre. Ele declarou que agora estavam todos "livres", mas esperava que se mantivessem leais à Macedônia. Alexandre era ágil para recompensar a cooperação. Quando o governador persa da área entregou-lhe a capital local, Sárdis, com todas as suas riquezas, Alexandre respondeu tratando-o como hóspede de honra em seu acampamento. Quando Ada, ex-rainha da região de Cária, ofereceu-lhe uma aliança e pediu para adotá-lo como filho, ele aceitou prontamente essa nova "mãe", vívida evidência da profundidade emocional que atribuía a laços de lealdade pessoal como fundamento do poder político. Se suspeitava de resistência, porém, era implacável. Quando decidiu punir a cidade grega de Lâmpsaco por colaboração com os persas, o povo, tomado pelo pânico, enviou Anaxímenes, famoso erudito, para suplicar misericórdia a Alexandre. Antes que Anaxímenes pudesse falar, o rei jurou perante os deuses que faria exatamente o contrário de tudo que Anaxímenes pedisse. Diante disso, o embaixador rogou imediatamente a Alexandre que escravizasse as mulheres e as crianças da cidade, destruísse suas construções e queimasse os templos. Preso pelo respeito aos deuses, Alexandre preservou Lâmpsaco. Irritado com a tática audaciosa de Anaxímenes, mas impressionado com ela, levou-o consigo na expedição, e o erudito escreveu uma história a seu respeito (e outra sobre Filipe II).

A cidade grega de Mileto e a cidade cária de Halicarnasso (terra natal do historiador Heródoto) depositaram sua fé na marinha persa, muito maior que a frota de Alexandre, composta por navios de guerra fornecidos por várias cidades-Estado. Elas se recusaram a se render, porém a frota persa não conseguiu chegar a tempo. Quando tomou Mileto, Alexandre perdoou a cidade. Admirando a coragem (ao resistir) e a lealdade (aos soberanos persas a que eles haviam, afinal, prometido fidelidade) do povo, o rei macedônio demonstrou que, tanto em tática quanto em política, era flexível e capaz de reagir rapidamente diante de circunstâncias que sempre mudavam.

> **NAVIOS DE GUERRA**
>
> O principal tipo de navio de guerra no tempo de Alexandre era o trirreme, com 35 metros de comprimento e seis metros de largura. Cerca de 170 remadores por navio, arranjados em três bancos de cada lado, conduziam a embarcação para a batalha. Alguns marinheiros ficavam estacionados no convés. O navio era sua própria arma principal: o combate consistia em manobras destinadas a golpear o inimigo com um aríete ou esporão que se projetava da proa sob a linha d'água. Os trirremes eram capazes de avançar, recuar e virar-se rapidamente. A reconstrução moderna de um trirreme antigo demonstrou que chegavam a uma velocidade máxima de mais ou menos 14,5 quilômetros por hora. Esses navios tinham um único mastro armando uma vela quadrada para viagem; ela não era usada em batalha.
>
> O serviço no trirreme era desconfortável e até sórdido. Os três bancos de remadores eram extremamente apertados, e no terror da batalha os homens se viam sujos do vômito, da urina e do excremento dos camaradas. A tripulação podia ser morta pelas espadas de algum grupo que subisse a bordo do navio, ou por flechas do inimigo, ou ainda por afogamento, se a embarcação fosse abalroada de forma fatal.

Nesse momento decisivo, Alexandre tomou a decisão inovadora – e arriscada – de enviar quase todos os seus navios de guerra de volta para as bases em cidades gregas. Até hoje as razões por trás dessa medida são obscuras, mas ela não pode ter sido irrefletida. Talvez ele não confiasse o bastante em sua frota inteiramente grega. Ou talvez fosse o custo. A guerra naval era incrivelmente dispendiosa; remadores esperavam receber pagamento além de recompensas após vitórias, porque em geral não recebiam nada da pilhagem feita em terra. Ou talvez sua frota lhe parecesse pequena demais para se opor à superior marinha persa. Ele era audaz em suas táticas e pessoalmente destemido em batalha, mas enviar uma frota para batalhas que ela não podia vencer não fazia nenhum sentido. Certamente seu sucesso até aquele momento sugeria que ele conseguiria neutralizar o poderio naval persa e transformar o mar Egeu entre a Europa e a Ásia num "lago grego" simplesmente pelo controle das duas costas: a costa ocidental, com os aliados gregos; e a oriental, conquistando todas as cidades na borda extrema do Império Persa. O maior risco de arruinar sua marinha estava na perda de transporte rápido de provisões e reforços. Agora o exército estava por conta própria, sua melhor perspectiva era defender-se sozinho, reunindo alimentos e riqueza com o próprio avanço.

§ 5.

Protegida por uma muralha alta e um fosso, Halicarnasso provou-se um alvo mais difícil que Mileto. Entre as cidades gregas, a guerra de cerco ainda não era uma arte extremamente desenvolvida. Em geral, as cidades muradas caíam graças à traição, alguém no interior que abria os portões para os de fora. Mais uma vez Alexandre mostrou sua ânsia de ultrapassar os feitos do passado. Seguindo o exemplo de Filipe, ele conduziu um cerco feroz, disciplinado e prolongado, marcado por constante vigilância contra surtidas do inimigo que viessem quebrar suas linhas e reabastecer a cidade. Finalmente, os comandantes persas em Halicarnasso fugiram, e os homens de Alexandre tomaram a cidade propriamente dita, embora as guarnições e fortalezas do porto continuassem a resistir. O rei seguiu adiante com a maior parte do exército, mas deixou para trás unidades de infantaria e cavalaria com a missão de completar a conquista. Isso levou um ano.

A prolongada conclusão do cerco de Halicarnasso revelou um novo desafio para a expedição de Alexandre, nascido de seu próprio sucesso: para conquistar o Império Persa, ele não tinha apenas de vencer batalhas, devia também deixar para trás recursos valiosos – soldados, oficiais, pessoal de apoio e administradores – destinados a manter a segurança na retaguarda do exército. À medida que penetrasse mais profundamente em regiões hostis, seria obrigado a governar suas conquistas à distância, dependendo de líderes em quem pudesse confiar. Sabia também que, à medida que a guerra continuava, tinha de se preocupar com o moral de seus soldados rasos. Eles precisavam acreditar que seu bem-estar era tão importante para o rei quanto a riqueza, a glória e o poder. No inverno desse ano (334-333), Alexandre mandou para a Macedônia, de licença, os soldados que haviam se casado imediatamente antes que o exército partisse para a Ásia. Arriano comenta que os homens amavam mais o rei por esse cuidado do que por qualquer outra coisa.

§ 6.

Afastando-se da costa, Alexandre marchou para Górdio, uma encruzilhada estratégica no interior que ele precisava controlar.

À medida que avançava, tomava lugares críticos, estacionando homens experientes na retaguarda. Para a marcha rumo ao interior, ele dividiu o exército, provavelmente em razão da dificuldade de alimentar e fornecer água a um grande contingente nessa região. Suas tropas, os seguidores do acampamento (a multidão de comerciantes, reparadores e prostitutas que acompanhava voluntariamente o exército) e milhares de animais de carga consumiam mais de 450 toneladas de comida e água todos os dias, as quais tinham de ser transportadas ou encontradas. Mesmo nas melhores condições, o exército não podia carregar provisões suficientes para duas semanas sem coletar suprimentos. Nas piores condições, esse intervalo se reduzia em vários dias. Fosse como fosse, o exército nunca podia retraçar seus passos e voltar exatamente pelo mesmo caminho que já tomara; como uma cidade em movimento, ele comia e esgotava cada região por que passava.

A principal força de Alexandre construiu uma nova estrada através de desfiladeiros numa região montanhosa – limpando, escavando, nivelando e socando quilômetro após quilômetro de terreno pedregoso e irregular –, enquanto ele avançava ao longo da costa sul, antes de se virar para o norte rumo a Górdio. Nesse ponto, chegaram-lhe notícias muito ruins sobre Alexandre de Lincéstida, um nobre macedônio. Ele havia comandado uma força do exército na Trácia e era casado com a filha de Antípatro, que Alexandre deixara encarregado da Europa. O rei, que naquele momento marchava com o exército para o interior da Ásia, ficou sabendo que esse outro Alexandre estivera em contato com o rei persa, Dario. Mandou então prendê-lo e mantê-lo sob custódia temporariamente. Matá-lo seria correr o risco de sofrer a vingança da família do homem, dirigida à sua própria pessoa ou a seus parentes na Macedônia, e pôr em perigo o apoio com que contava em meio aos nobres de seu país.

À medida que Alexandre avançava pela estrada litorânea, caminhando ao longo da praia, ventos fortes levantavam ondas tão grandes que elas lhe bloqueavam o caminho. Exatamente quando parecia a todos os observadores que ele teria de dar meia-volta e encontrar outra rota, o vento mudou 180 graus, fazendo as águas recuarem e abrindo caminho para o rei passar. Calístenes, amigo de Aristóteles que Alexandre levara como historiador oficial da expedição, descreveu esse aparente milagre citando a descrição que Homero faz na *Ilíada* das ondas obedecendo ao deus Posêidon; os seguidores de Alexandre começavam a vê-lo como alguém muito maior que um simples mortal, tal como o próprio Alexandre se via.

A autoimagem do rei da Macedônia como alguém maior que os homens comuns o motivava a se dirigir para Górdio, independentemente da posição estratégica dessa cidade na Anatólia central. Alexandre sabia, pela literatura grega, que ali vivera o lendário rei Midas. Midas viera da Macedônia para a Ásia numa carroça, tornando-se rei dos górdios graças à vontade de Zeus. Ele ficou tão abastado que foi o primeiro não grego a fazer ricas oferendas ao deus Apolo em seu oráculo em Delfos. Em Górdio, Midas colocou num santuário a carroça que o levara para a Ásia, como um memorial público da preferência dos deuses. Na Antiguidade, tal como hoje, o nome "Midas" evocava a imagem de riqueza inimaginável. Alexandre sabia disso e da história do "nó górdio", a amarra retorcida de cordas que prendia uma à outra as cruzetas da "língua" da carroça (os polos em forma de T a que os animais de tiro eram presos). Ninguém nunca fora capaz de desatar o enorme nó da carroça de Midas, mas a lenda dizia que quem o fizesse se tornaria rei da Ásia. Movido por seu *pothos*, seu ardente desejo, Alexandre desfez o nó górdio. Algumas fontes dizem que ele puxou um pino de madeira que mantinha as peças de madeira juntas, levando o nó a se desfazer sozinho; outras contam que ele cortou pelo meio, com a espada, o labirinto de cordas. Ambos os relatos transmitem a mesma ideia: Alexandre resolveu o problema por meio de raciocínio não convencional, encontrando seu próprio caminho para superar um desafio impossível para outros. (Até hoje a expressão "cortar o nó górdio" descreve a adoção de um caminho direto e imediatamente prático para resolver um problema complexo.) Qualquer pessoa que observasse Alexandre em Górdio podia perceber que ele pretendia dominar a Ásia e que perseguiria esse objetivo da maneira mais direta possível. Quando a história chegou à corte persa, Dario III certamente a compreendeu. Agora o Grande Rei não tinha escolha senão deixar o conforto e a segurança de sua capital e preparar o maior exército possível para enfrentar Alexandre no campo.

§ 7.

Dario queria "pinçar" Alexandre, ameaçando-o pela frente e pela retaguarda. Ele também precisava de tempo para reunir um exército vindo dos quatro cantos de seu vasto império. Por isso, enviou agentes para instigar a rebelião contra seu adversário na Grécia e ordenou à sua frota atacar a retaguarda de Alexandre junto à costa ocidental da Anatólia. Contando também com mercenários gregos, navios de guerra persas começaram a recuperar territórios que o macedônio já havia conquistado em sua marcha para o sul a partir de Troia. Alexandre foi obrigado a despender grandes somas – boa parte da fortuna de que se havia apoderado em sua marcha – para reconstruir sua própria frota para defesa e contra-ataque, e a contratar mais soldados para a "guarda doméstica" europeia de Antípatro. Nem mesmo a morte de Mêmnon de Rodes, o melhor general de Dario na frente ocidental, impediu as forças persas de erodir perigosamente a posição de Alexandre.

Nessa altura Alexandre enfrentou uma escolha decisiva: dar meia-volta com o exército e lidar com a ameaça no oeste, ou arriscar-se a prosseguir para o leste e enfrentar o rei persa antes que a armadilha se fechasse. Como sempre, ele escolheu o curso da ação direta. Acelerou seu avanço. Terá calculado que Dario entraria em pânico e cometeria um erro estratégico se defrontado com uma agressão? De fato, Dario fez exatamente isso: os mercenários gregos tinham sido essenciais para a série de vitórias persas na Anatólia ocidental, mas Dario os fez recuar para o leste, a fim de se juntar a ele e às forças que usaria para deter o avanço do inimigo. Com as forças persas agora fatalmente enfraquecidas no oeste, Alexandre não precisava mais olhar para trás. Podia se concentrar em seguir em frente, sempre em frente, para enfrentar o Grande Rei e conquistar uma vitória que, segundo acreditava, eclipsaria os triunfos dos mais famosos heróis do passado.

Os persas tiveram sua última chance de bloquear Alexandre num ponto de estrangulamento em sua rota, o estreito passo conhecido como os Portões Cilícios, mas Dario não enviou um exército para ocupar essa posição. Adotando tarde demais a política de terra arrasada que mais cedo teria devastado Alexandre, o representante de Dario incumbiu-se de saquear a próspera cidade de Tarso, na Cilícia (sudeste da Anatólia). Mas a teia de agentes de Alexandre descobriu o plano, e o rei comandou pessoalmente uma força móvel de cavalaria e infantaria leve para ocupar a cidade. Sua rápida ação salvou Tarso, com sua fortuna em alimentos e preciosidades vitais para o exército macedônio.

Um acidente revelador ocorreu em Tarso. Para se refrescar após o intenso esforço, Alexandre foi nadar num rio gelado e adoeceu gravemente. Seus médicos, pensando que ele ia morrer, temeram ser culpados pela morte se o tratassem. Um amigo próximo, chamado Filipe, também médico, interveio e preparou um medicamento para ele tomar. Exatamente nesse momento Alexandre recebeu uma carta de seu general Parmênio avisando-o de que esse Filipe tinha sido subornado por Dario para assassiná-lo. Sem dizer uma palavra, e na presença de seus companheiros, Alexandre entregou a carta a Filipe, e enquanto o homem a lia com crescente pânico, o rei tomou o remédio. Caiu num estado de estupor em consequência da força das drogas. Depois, para alívio de todos, restabeleceu-se por completo. Alexandre havia provado acima de qualquer dúvida sua confiança na completa lisura que vigorava em seu círculo íntimo de amigos, e a necessidade que tinha dela. Para o rei, lealdade e dever definiam a maneira como os seres humanos deviam lidar com ele; antagonismo e traição não eram afirmações admiráveis de liberdade pessoal, mas resistência desonrosa a um poder superior que devia ser obedecido por força de justiça natural.

§ 8.

Alexandre tomou a Cilícia e deixou-a para trás, segura, enquanto seu exército seguia adiante rumo ao leste. Mas a tomada de Tarso e a doença e recuperação do rei macedônio demandaram tempo, e nesse intervalo Dario reuniu seu exército. A força do rei persa somava 600 mil homens (segundo algumas fontes antigas), ou 300 mil (segundo outras), mas mesmo que ela somasse apenas 75 mil, como pensam alguns estudiosos modernos, o exército persa ananicava o de Alexandre. Sem um campo de batalha vasto, aberto e plano, um exército desse tamanho perdia a maior parte de sua vantagem, e Dario de início planejou esperar Alexandre numa planície próxima à costa mediterrânea. Quando Alexandre não apareceu, ele se deslocou para enfrentá-lo mais a noroeste, o mais longe possível do centro da Pérsia. Mas Alexandre se movia também, rumando para o sul ao longo do contorno da costa. A cadeia de montanhas que corria do norte para o sul não longe da praia escondia os exércitos um do outro, e eles se cruzaram sem se dar conta. Os generais sempre amaldiçoaram a "névoa da guerra" que limita seu conhecimento das ações do inimigo, mas nenhum comandante moderno ousaria travar combate sob as condições de cegueira que os exércitos antigos consideravam naturais; o campo de visão de Alexandre era limitado ao que seus patrulheiros podiam ver e às notícias que seus informantes podiam lhe levar a pé ou a cavalo. No terreno acidentado da Anatólia, dezenas de milhares de homens brincavam de cabra-cega por quilômetros e quilômetros de marcha árdua, procurando seus adversários e um campo de batalha que pudesse lhes conferir uma vantagem decisiva.

Os dois exércitos se encontraram no outono de 333, com Dario ao norte de Alexandre, bloqueando qualquer recuo deste rumo a território seguro e suprimentos escondidos. Mas essa vantagem não representou muita coisa. Até então Alexandre nunca recuara, e como havia mostrado no rio Grânico, ele considerava a escassez de provisões um poderoso incentivo para seus homens intensificarem o ataque. Os exércitos se defrontaram em campo estreito num lugar chamado Isso, estreitado entre as montanhas e o mar. O terreno era irregular e um rio cruzava o campo. Manobrar seria difícil, e Dario não tinha espaço para pôr em campo seus números superiores. Apesar disso, como os homens de Alexandre sabiam estar em desvantagem numérica, o rei procurou encorajá-los com um discurso estimulante. Eles eram treinados em liberdade, disse-lhes, ao passo que seus inimigos viviam como "escravos" do rei da Pérsia. Citou a literatura sobre o sucesso grego, histórias de gregos em desvantagem numérica, mas livres, que combatiam hordas de persas. Seu exemplo foi o general e filósofo Xenofonte, que havia escrito um livro famoso sobre um bando de mercenários gregos que, sob seu comando, avançara pela Mesopotâmia central um século antes, combatendo exércitos persas; faltavam números aos gregos, mas eles venceram graças às suas proezas nas táticas de armas combinadas.

Alexandre e Dario travaram batalha em Isso em novembro. Dario enviou uma unidade margeando os morros para contornar o exército de Alexandre, mas as tropas macedônias, com armas leves, fizeram-na recuar. A batalha principal foi sangrenta. Alexandre comandou a extremidade direita da linha de batalha, como sua posição exigia, e desbaratou a esquerda persa com uma forte carga de cavalaria. Sua infantaria pesada no centro avançou com todo o peso para atacar o centro persa, mas teve dificuldade em ganhar terreno. Alexandre enxergou a dificuldade e empurrou seus cavaleiros para o flanco persa, afrouxando suas linhas e depois nelas abrindo frestas. À medida que a formação persa se dissolvia, Dario subiu num carro de guerra para escapar do centro da ação e depois abandonar por completo o campo de batalha. Quando o carro de guerra estacou no terreno acidentado, o rei persa se livrou de suas roupas e insígnias reais, montou a cavalo e fugiu para a noite que caía. Embora sofrendo com um ferimento na coxa, Alexandre ignorou a dor e cavalgou tenazmente atrás do rei da Pérsia, mas o perdeu de vista na escuridão.

§ 9.

Dezenas de milhares de persas morreram em Isso. Depois que a linha de batalha de Dario se fez em pedaços, a maior parte dos mercenários gregos que lutavam para o Grande Rei simplesmente desertou. Alexandre tomou o acampamento persa, com suas pilhas de jarros, pratos e ornamentos de ouro e prata, bem como uma enorme quantidade de dinheiro e objetos de valor que Dario guardara perto dali, na cidade de Damasco. Ele distribuiu recompensas entre suas tropas, que com isso desfrutaram a primeira e viciante prova das riquezas a serem ganhas naquela guerra contra o mais rico império do mundo. Quando viu todo o metal precioso, móveis caros, roupas magníficas e tapeçarias, tudo reunido na enorme tenda pessoal de Dario, o rei macedônio comentou: "Então isso é ser um rei." Suas palavras provavelmente aludiam à fábula do pavão e do corvo que conhecia de Esopo, cujos concisos contos morais eram interminavelmente repetidos na cultura grega. O pavão, orgulhoso de suas penas, disse a uma assembleia de aves incumbidas de escolher um rei que "ser rei" significava ser belo e próspero. O corvo então grasnou: "Dize-nos, se te tornares rei, que acontecerá quando a águia nos atacar? Serás forte o bastante para nos salvar de seu ataque?" Como o pavão era comumente associado à Pérsia, e a águia era o símbolo de Zeus, ancestral de Alexandre, a alusão era clara.

Dos despojos, os homens de Alexandre lhe levaram o objeto que lhes pareceu o mais dispendioso de todos, uma pequena caixa rebuscadamente feita de materiais preciosos, encontrada entre os pertences pessoais de Dario. O rei perguntou aos amigos qual era, a seu ver, a coisa mais preciosa que poderia guardar nessa peça de valor inestimável. Recebendo muitas respostas diferentes, disse-lhes que usaria a caixa de Dario para proteger o exemplar da *Ilíada* transcrito por Aristóteles. Carregava esse livro consigo o tempo todo, como o melhor guia para a excelência na guerra; o exemplar do poema épico, junto com sua faca, ia para a cama com ele todas as noites. Não poderia haver evidência mais clara da profundidade com que Alexandre absorvera a instrução recebida na infância sobre a literatura e a história dos gregos, e de como fora moldado por ela.

Alexandre apoderou-se de outro prêmio valioso na forma das mulheres da família de Dario. O rei persa sempre viajava com sua esposa e a família, além de um grande harém, mesmo em expedições militares. Agora essas mulheres estavam aterrorizadas com a perspectiva de serem estupradas e escravizadas; todos os precedentes históricos lhes diziam que esse era um resultado natural e esperável da difícil situação em que se encontravam. Quando Alexandre as tratou com respeito e honra em razão de sua realeza, elas o louvaram como a um deus. Na manhã após a batalha, Alexandre foi visitar a mãe de Dario, a esposa e os filhos deste, levando consigo seu maior amigo, Heféstio. Ao ver Heféstio, que era o mais alto e mais belo dos macedônios, a mãe de Dario o tomou pelo rei e curvou-se até o chão diante dele. Ao perceber seu engano, ela ficou horrorizada e se prostrou diante de Alexandre. Mas o rei a ateve, dizendo: "Não se preocupe com isso, mãe; ele também é Alexandre." Em seguida explicou que ela seria uma mãe a seus olhos, e tratou-a ainda mais prodigamente do que seu próprio filho costumava tratá-la. Prometeu cuidar dos netos dela e fornecer dotes para o casamento das meninas. O tratamento generoso que Alexandre dispensou às mulheres da família real persa aumentou sua honra igualmente entre macedônios, gregos e persas.

A honra, generosidade e clemência na vitória que exibiu para as mulheres da família real persa beneficiariam Alexandre à medida que ele levava adiante sua conquista do território persa. As populações locais ouviram essas histórias e compreenderam que se render aos macedônios não significava necessariamente pobreza, escravização ou morte. Mas seu comportamento o punha em desacordo com as instruções de seu mestre. Aristóteles lhe ensinara que os bárbaros eram escravos por natureza e mereciam ser tratados como animais e dominados por homens civilizados como os gregos. As ideias do filósofo decorriam de sua teoria da "escravidão natural", segundo a qual algumas pessoas só podiam ser escravas porque lhes faltava a capacidade de raciocinar necessária à vida como ser humano livre. O tratamento que Alexandre dispensou à família de Dario mostra que, quaisquer que tivessem sido as lições que lhe haviam ensinado quando estudante, como conquistador e legislador ele estava no controle de sua própria vida.

§ 10.

Ambos os lados tinham agora importantes decisões estratégicas a tomar. Quando as notícias da derrota de Dario em Isso chegaram às suas forças no oeste, elas recuaram para posições defensivas, eliminando a pressão sobre Alexandre a partir dessa direção. Se quisesse derrotar o rei da Macedônia, Dario teria de enfrentá-lo mais a leste. Devia decidir como se reagrupar para confrontar o inimigo sob circunstâncias que lhe dessem uma vantagem decisiva. Alexandre, de sua parte, tinha duas escolhas. Podia dar prosseguimento à vitória imediatamente, avançando direto para a capital persa a leste, ou podia se deslocar rumo ao sul para tomar a costa mediterrânea oriental e o Egito. Apesar de sua avidez pela vitória final e seu desejo de tomar a rota mais direta para qualquer meta, ele escolheu a segunda opção. Como explicou ao exército, ao tomar a Fenícia (o território onde hoje se situam Líbano, Israel e Gaza) e o Egito, eles evitariam qualquer possibilidade de contra-ataque persa sobre a Grécia. Alexandre sabia, de suas aulas com Aristóteles, que durante as Guerras Persas de séculos anteriores os reis persas haviam usado o Egito como base para ataques à Grécia; sabia que não podia correr o risco de se deslocar mais para o interior sem assumir o controle do Egito. Seu exército, por sua vez, estava bem inteirado do potencial para pilhagem e saque existente ao longo da rica costa da Fenícia e das riquezas incalculáveis que o esperavam no Egito. Alexandre os conduzira de vitória em vitória, e não deve ter sido difícil para eles acreditar que o sucesso no sul seria certo e lucrativo.

Assim, Alexandre avançou pela costa do Mediterrâneo abaixo, onde de repente deparou com outra escolha decisiva, vinda de onde menos esperava. Chegou-lhe uma carta... de Dario! Nossas fontes fazem diferentes relatos sobre o conteúdo dessa carta. Algumas dizem que o rei da Pérsia oferecia paz e uma aliança, ao mesmo tempo que acusava Filipe II de agressão gratuita contra a Pérsia. Outras dizem que Dario se propunha a pagar um grande resgate pelo retorno de sua família em segurança e a entregar todo o território persa na Anatólia ocidental. Algumas fontes também relatam que a carta verdadeira de Dario oferecia um resgate e vastos territórios, mas que Alexandre mandara publicar uma versão alternativa – oferecendo apenas paz, sem nenhuma concessão – para fazer o Grande Rei parecer cegamente arrogante e inflexível, apesar da humilhante derrota em Isso. Qualquer que tenha sido a proposta de Dario, Alexandre recusou-a pública e completamente. Ele condenou os persas como os culpados por séculos de hostilidade contra a Macedônia e a Grécia, culpou Dario pelo assassinato de Filipe e acusou-o de conspirar com os gregos para destruí-lo. O clímax dessa resposta iracunda foi um pedido de que Dario o reconhecesse como rei da Ásia por vontade dos deuses, ou competisse por esse título enfrentando-o em batalha. Aos olhos de Alexandre, não havia nenhuma honra a ser ganha exceto por meio de uma disputa em que ele pudesse se provar superior a todos em excelência. Ao reivindicar o título de rei da Ásia, ele mostrava que pretendia reinar não apenas sobre o território imperial persa, mas sobre toda a Terra e os povos contidos na ideia de "Ásia", um termo cujos limites nenhum grego ou macedônio conhecia ainda.

§ 11.

As cidades aliadas à Pérsia ao longo do litoral mediterrâneo oriental chegaram a um acordo com Alexandre à medida que ele deslocava seu exército para o sul. Foi então que, em janeiro de 332, ele chegou a Tiro. Construída por trás de uma fortificação com muros de 45 metros de altura, numa ilha a oitocentos metros da costa, Tiro era uma cidade famosa pelo culto a uma divindade que os gregos identificavam com Héracles. Sabendo pela leitura de Heródoto que Tiro tinha um santuário a Héracles que brilhava com ouro e esmeraldas, e era muito mais antigo que qualquer outro na Grécia, Alexandre quis oferecer sacrifícios a seu ancestral nesse lugar sagrado tão famoso. Seu permanente interesse por Héracles era evidente para todos: nas novas moedas que mandara cunhar com o metal precioso obtido na conquista via-se a impressão de Héracles com uma pele de leão sobre a cabeça. Os habitantes de Tiro não se deixaram impressionar. Quando Alexandre anunciou seu desejo de oferecer sacrifícios na cidade, eles lhe enviaram mensageiros dizendo que a cidade estava fechada tanto para persas quanto para macedônios, mas talvez o rei apreciasse oferecer sacrifícios num templo secundário na costa. Evitavam se comprometer, para o caso de o rei persa vencer a guerra.

Para Alexandre, a recusa da gente de Tiro a cooperar demonstrou desprezo por seus ancestrais e suas reivindicações de mérito superior, agora respaldadas por uma série ininterrupta de proezas inesperadas. Furioso, o rei imediatamente fez planos para cercar Tiro, entrar na cidade e submetê-la à sua vontade. A localização da cidade e suas defesas eram temíveis. Os engenheiros de Alexandre extraíram pedras de pedreiras e coletaram madeira para construir um molhe, um istmo artificial ligando a ilha ao continente. Essa seria a base para suas máquinas de cerco, as maiores já vistas. O povo de Tiro fez o que pôde para se opor a esse trabalho, atacando a terraplanagem dos macedônios a partir do mar com sua frota de navios de guerra e com barcaças de fogo lançadas feito aríetes contra as inflamáveis estruturas de madeira. A luta agravou-se, transformando-se num violento impasse que durou vários meses, mas Alexandre continuou pressionando seus engenheiros a encontrar soluções cada vez mais inventivas para cada novo desafio e revés. Por fim a sorte favoreceu o rei macedônio quando os almirantes fenícios da marinha persa, ao ouvirem falar que sua pátria estava agora nas mãos de Alexandre, levaram seus navios para lutar ao lado dele. Essa frota, acrescida de navios enviados de Chipre (que também decidiu que sua segurança se encontrava na cooperação com o jovem macedônio aparentemente invencível), permitiu a Alexandre atacar Tiro a partir da água. Ele usou esses navios como plataformas para aríetes e rampas de embarque. Seus homens trabalharam a partir dessas máquinas de cerco flutuantes, abriram brechas nos muros da cidade e forçaram o ataque anfíbio sob uma chuva de projéteis disparados desde Tiro. Os macedônios sofreram terríveis baixas, mas no final o próprio Alexandre comandou a investida que esmagou o inimigo. Como sempre ocorria com os que rejeitavam os apelos de Alexandre e se viam derrotados, era tarde demais para se arrepender. Ele puniu Tiro vendendo cada um de seus 30 mil habitantes como escravo.

Chegou a Alexandre uma segunda carta de Dario. Desta vez as fontes estão de acordo quanto à mensagem. Dario oferecia como concessões 10 mil talentos (o equivalente a 60 milhões de dias de salário de um operário especializado), todo o território de seu império a oeste do rio Eufrates, na Mesopotâmia, a mão de sua própria filha em casamento e uma aliança entre a Pérsia e a Macedônia. Parmênio comentou que, se ele fosse Alexandre, aceitaria essa generosa proposta. Alexandre respondeu: "É o que eu também faria, se fosse Parmênio." A seus olhos, a proposta de Dario era desprezível. Ela sugeria que o rei persa, que dera as costas para a derrota de seu exército e fugira do campo de batalha, de alguma maneira era igual a Alexandre, que comandava pessoalmente seus soldados em batalha após batalha, pagando por vitórias com ferimentos em seu próprio corpo. O rei macedônio estava empenhado na competição máxima pela excelência, e era um insulto sugerir que ela podia terminar em empate. Pelo que lhe dizia respeito, o único apelo aceitável era o apelo de um inferior para um superior, sem condições. Ele respondeu a Dario que, em virtude de seus feitos de armas, a riqueza e o território persa já lhe pertenciam, e que podia casar com a filha de Dario a qualquer momento que desejasse. Não haveria nenhuma pausa, nenhuma trégua e nenhum recuo.

5. O encontro com deus no Egito e a tomada das riquezas da Pérsia (332-330 a.C.)

§ 1.

No outono de 332, o exército macedônio marchou para o sul ao longo da costa a partir de Tiro. Todas as cidades em sua rota se renderam sem luta, exceto uma. Batis, o eunuco que o rei persa encarregara de governar de Gaza, recusou-se a permitir que Alexandre entrasse na cidade; ele tinha armazenado comida e contratado mercenários árabes para resistir a um cerco. Alexandre poderia ter contornado Gaza facilmente. A cidade, num baixio ao largo da costa, não representava nenhum impedimento a seu avanço nem qualquer ameaça séria por trás depois que tivesse passado. Mas ele era ferozmente determinado no tratamento que dispensava aos inimigos. Aceitava os que cooperavam como seus apoiadores. Destruía os que resistiam. Sua noção de justiça natural, da ordenação apropriada dos negócios humanos (com ele em seu pináculo), não exigia nada menos. Quando Parmênio lhe disse que as altas fortificações de Gaza a tornavam quase inexpugnável, Alexandre respondeu que só pelo desafio já se sentia no dever de tomá-la. Quando Batis enviou um assassino secreto disfarçado de mendigo que quase conseguiu matar Alexandre, o destino da cidade foi selado. Alexandre mandou seus engenheiros construírem máquinas de cerco e assumiu pessoalmente o comando de sua disposição. Postou-se tão perto dos muros do inimigo que uma catapulta arremessou-lhe um projétil que penetrou sua armadura de metal e alojou-se em seu ombro. O ferimento sangrou profusamente, e seu amigo Filipe salvou-lhe a vida por pouco, arrancando a enorme flecha. Enquanto ainda se recobrava desse ferimento, Alexandre continuou nas linhas de frente e foi atingido por uma pedra lançada pela funda do inimigo.

O desafio da cidade justificava, a seus olhos, uma punição implacável quando ele finalmente rompeu os muros. Todos os defensores do sexo masculino de Gaza foram mortos, e todas as mulheres e crianças foram vendidas como escravas. Quando Batis foi levado à sua presença, Alexandre anunciou que ele seria punido com tortura. Se o homem tivesse suplicado misericórdia, essa admissão de inferioridade teria aplacado o senso de honra de Alexandre. Mas Batis ficou calado, e a raiva de Alexandre cresceu. Seus homens transpassaram os tornozelos do eunuco com cordas e arrastaram-no, ainda vivo, atrás de um carro de guerra. Esse espetáculo horripilante revivia a cena da *Ilíada* de Homero em que Aquiles arrasta o corpo de Heitor, herói troiano derrotado, em volta dos muros de Troia. Como qualquer incidente na carreira de Alexandre, o cerco de Gaza e a punição de Batis revelam traços essenciais do caráter do rei. Quando sua superioridade era negada, sua raiva era implacável. E em sua raiva, ele se expressava com o vocabulário dramático da literatura heroica em meio à qual fora criado.

§ 2.

Após Gaza, Alexandre e seu exército transpuseram sem incidentes o último obstáculo no caminho para o Egito, o deserto do Sinai. Os egípcios o receberam como libertador. Apenas uma década antes, o rei persa Artaxerxes havia sufocado brutalmente uma rebelião no Egito, saqueando templos e até zombando das tradições religiosas locais ao promover um churrasco e assar o touro sagrado Ápis. Esse ultraje fora particularmente chocante, mais ainda porque transgredia a tradição persa de tolerância religiosa. O governador persa do Egito, Mazaces, reconhecendo que a população local odiava seu governo e que Dario não tinha nenhuma condição de lhe enviar ajuda, entregou imediatamente o tesouro, e tudo o mais, ao jovem rei macedônio.

Em Mênfis, à sombra das grandes pirâmides, um sacerdote egípcio coroou Alexandre faraó, um ser humano elevado ao status de deus vivo enquanto estivesse no trono egípcio. Alexandre comemorou o sucesso com um grande festival, e em seguida, no início de 331, navegou pelo rio Nilo abaixo até o delta ocidental, sobre o mar Mediterrâneo. Ali, inspirado por um sonho que citara versos da *Odisseia* de Homero, ele instruiu seus arquitetos a planejar o traçado de uma nova cidade. Nomeada em sua própria homenagem, essa cidade portuária estava destinada a promover o comércio marítimo por toda a bacia do Mediterrâneo. Seus instintos estavam certos. Alexandria logo cresceria, tornando-se uma das maiores e mais famosas cidades do mundo antigo; a biblioteca e a universidade seriam o palco em que dramas políticos moldariam o mundo durante séculos.

Alexandre – motivado por *pothos*, segundo Arriano – deixou o Nilo para consultar o deus Amon no oásis de Siva, longe dali, no deserto ocidental. Durante dois séculos os gregos haviam reverenciado Amon como manifestação de Zeus; tanto os espartanos quanto os atenienses o cultuavam, e o poeta tebano Píndaro chamou-o "Senhor do Olimpo". Quando estava em Tebas e seu exército destruía todas as construções, exceto a casa de Píndaro, Alexandre deve ter visto uma estátua de Amon que o poeta inaugurara num templo. Os heróis Perseu e Héracles haviam consultado esse oráculo de seu mais distante ancestral situado no deserto, e Alexandre não poderia deixar o Egito sem ao menos se igualar a essas proezas. Tratava-se também de uma missão pessoal. Héracles havia enfrentado o desafio de desvendar sua identidade, seu status como filho de uma mortal e um pai divino, e Alexandre também se sentia impelido a descobrir sua verdadeira ascendência. Era ele filho de Filipe ou de Zeus? Teria um pai divino, assim como um mortal? Para fazer essa pergunta à suprema autoridade no assunto, tinha de marchar 320 quilômetros através de areias abrasadoras.

Esse deserto devorava exércitos. No século VI, o lendário rei persa Cambises despachou um exército tebano no Egito, para cruzar as areias e destruir o oráculo de Amon em Siva. Essa impiedosa expedição, como Alexandre sabia por Heródoto, foi surpreendida por uma tempestade de areia e nunca mais foi vista. Uma tempestade de areia também surpreendeu Alexandre e seus homens quando eles faziam a travessia. Um milagre os salvou – um bando de aves, ou talvez uma escolta de cobras falantes, mostrou-lhes como sair da areia e entrar na segurança do oásis de Siva. Para Alexandre, essa foi mais uma evidência de que estava "indo além" das façanhas dos vultos famosos que o haviam precedido.

Escritores antigos dão diferentes versões do que transpirou durante a sessão privada de Alexandre com o sacerdote de

Amon. Ele escreveu para sua mãe que tinha recebido uma "resposta sagrada", que lhe contaria quando se encontrassem, mas nunca voltou a vê-la. Uma boa suposição é que os sacerdotes lhe disseram que ele era filho de Amon, significando que era filho de Zeus, não apenas um descendente distante. Se ele de fato recebeu essa confirmação de que tinha um pai divino, o que deduziu dela? Nesse ponto de sua vida, terá pensado em si mesmo como um novo Héracles, um ser humano de ascendência divina que poderia se tornar um deus após a morte caso seus feitos o merecessem? Ou já se via como alguém sem precedentes na história: um ser humano que já podia se tornar divino antes mesmo de morrer, de uma maneira jamais vista na Terra? Como naquele momento Alexandre guardou seus pensamentos para si mesmo, as perguntas permanecem em aberto.

Alexandre passou seis semanas nessa jornada ao oráculo. Como ele bem sabia, cada uma delas era uma semana em que Dario conseguia reunir e intensificar suas forças. O fato de ele ter feito essa viagem mesmo assim mostra o quanto lhe era importante, ou talvez necessário, ouvir a resposta do deus à questão sobre quem era Alexandre.

§ 3.

Quando voltou ao Nilo, Alexandre dedicou mais tempo a elaborar arranjos para o governo do Egito, esforçando-se em instituir paz e prosperidade duradouras para os egípcios e, assim, rendimentos estáveis para seu crescente reino. Como rei, ele não se movia simplesmente de conquista em conquista, deixando muralhas quebradas e guarnições militares em sua esteira. Para assegurar a longevidade de suas vitórias, preocupava-se com o bem-estar dos que deixava para trás. Tinha de depender de funcionários designados, alguns de seu círculo de amigos e conselheiros, mas muitos transferidos de administrações anteriores nos territórios conquistados. Alguns iriam inevitavelmente trair sua confiança a curto ou longo prazo, e a dificuldade de comunicação a longas distâncias significava que ele não podia manter uma vigilância estreita sobre as atividades de seus governadores. Mas fazia todo o possível, dadas as circunstâncias, para manter seu império coeso.

Quando Alexandre retornou a Tiro em meados de 331, o desafio de governar remotamente um território tão vasto ficou muito evidente. Chegaram-lhe notícias de que seu governador na Trácia havia conspirado com o rei de Esparta, Ágis, para fomentar uma rebelião contra a autoridade macedônia na Grécia. Ágis havia alistado 8 mil mercenários – os mesmos mercenários gregos que tinham fugido do exército derrotado de Dario em Isso. Antípatro, o governador de Alexandre na Europa, havia esmagado os rebeldes naquele verão, com sérias perdas de ambos os lados. O comentário de Alexandre sobre essas notícias mostra como estava distante (em quilômetros e em pensamento) dos problemas em sua terra: "Bem, amigos, parece que enquanto estivemos conquistando vitórias sobre Dario aqui, aconteceu uma batalha de camundongos lá na Arcádia." Seu comentário desdenhoso foi uma piada, e ele supunha que seus ouvintes estavam tão mergulhados na literatura grega quanto ele próprio. Alexandre dizia de brincadeira que, se sua própria guerra com o rei persa se assemelhava à Guerra de Troia da *Ilíada* de Homero, a batalha de Antípatro contra o legendário exército espartano parecia uma paródia muito conhecida da *Ilíada*, um poema intitulado *A batalha das rãs com os camundongos*.

§ 4.

Alexandre havia feito o possível para se apoderar do Mediterrâneo oriental e sua linha costeira, e estava pronto para marchar para o interior do Império Persa. Seu objetivo era enfrentar Dario numa batalha pela supremacia na Ásia. Simplesmente chegar lá era um desafio tático e logístico. A rota era longa, árdua e árida. O governador regional de Alexandre na Síria deixou de reunir provisões suficientes, e o rei o retirou do posto. O exército marchou do mar diretamente para o leste, e não para o sul, ao longo da rota mais fácil através do vale do Eufrates, porque a rota oriental era mais propícia à procura de alimentos. Dario não esperara isso, prevendo uma repetição da história de Xenofonte e o bando de mercenários gregos sobre o qual o historiador escrevera meio século antes, um exército que havia marchado ao longo do Eufrates rumo à Babilônia. Alexandre também conhecia essa famosa narrativa, e fez o contrário. Ordenou uma marcha forçada de Harran ao rio Tigre, de 345 quilômetros em catorze dias, para evitar que Dario bloqueasse sua passagem através desse rio, plano que lhe fora revelado pela captura de patrulheiros persas. Os persas tentaram com atraso implementar a política de terra arrasada ao longo da margem leste do Tigre, o que poderia ter deixado o exército de Alexandre faminto, obrigando-o a parar. Mas o rápido avanço do rei macedônio através do rio salvou da cavalaria persa as provisões de grãos que havia ali. A resistência férrea dos macedônios na marcha foi essencial para a campanha de Alexandre rumo ao centro da Pérsia.

O avanço de Alexandre levou Dario a se deslocar da Babilônia para o norte, onde o rei persa havia reunido sua enorme força de batalha. Os exércitos enfrentaram-se numa planície perto da aldeia de Gaugamela (hoje no norte do Iraque). Dario havia escolhido esse local porque ele era amplo o bastante para que todo o seu contingente ali se dispusesse: cavalaria, infantaria, elefantes de guerra e carroças equipadas com grandes foices para cortar as linhas do inimigo em fatias. Ele mandou nivelar o chão para dar à sua cavalaria, cinco vezes maior que a de Alexandre, uma vantagem que a seu ver seria decisiva. Quando Alexandre se aproximou, mas não atacou de imediato, Dario manteve os seus homens plenamente vigilantes a noite toda. Isso foi um erro tático, pois o dia seguinte encontrou o exército persa privado de sono e em desarmonia por causa dos nervos em frangalhos. Embora tivesse suplementado seu exército com mercenários contratados, Alexandre ainda estava em grande desvantagem numérica. Por isso, concebeu uma nova tática, estacionando a cavalaria e as tropas com armas leves do lado de fora das duas pontas de sua principal linha de batalha para bloquear ataques pelos flancos por parte dos mais numerosos persas. Para apoiar essas tropas de bloqueio, ele separou uma formação de infantaria e a colocou atrás das falanges principais, prontas para avançar instantaneamente em resposta a ataques pelos lados ou por trás.

No dia da batalha, 1º de outubro de 331, Alexandre dormiu demais e se levantou com atraso, numa demonstração de autoconfiança para seus homens. Fazendo eco à confiança do rei, eles enviaram uma delegação à sua tenda para dizer: "Comandante, não se preocupe com a massa de soldados inimigos; eles não conseguirão suportar o fedor de bode que todos nós exalamos!" Os macedônios transbordavam orgulho por sua dureza, a longa marcha com comida ruim e o desdém pelo exército persa, com toda aquela vastidão.

Os persas atacaram o centro de Alexandre com cem carros de guerra equipados com foices, mas caíram sob uma devastadora chuva de projéteis disparados por arqueiros e fundibulários perfeitamente posicionados; a infantaria macedônia dividia suas fileiras com espetacular precisão, deixando os carros de guerra cambaleantes passarem entre elas até a retaguarda, para depois cercá-los e destruí-los. O movimento inicial de Dario com sua arma mais devastadora resultou em nada, e a infantaria de Alexandre cerrou fileiras para que o centro persa se defrontasse com uma cerca sólida de sarissas reluzentes. Tratando a batalha como um jogo de xadrez, Alexandre permitiu que o flanco esquerdo persa contornasse o seu direito; enxergando uma oportunidade que a seu ver lhes asseguraria a vitória, os persas se apressaram a rodear a linha de Alexandre, mas o entusiasmo indisciplinado abriu uma lacuna. Alexandre enviou sua cavalaria rumo à abertura, ao mesmo tempo que mandava a guarda pré-posicionada do flanco entrar em ação. Os persas que deram a volta até a retaguarda das linhas de Alexandre se viram cercados e sem saída, e a armadilha de Alexandre os triturou.

Dario, de pé em seu carro de guerra, no centro de suas linhas – a posição tradicional para um grande rei no comando da batalha –, desesperou-se e fugiu do campo. Seus soldados eram mais corajosos e lutavam por seu rei melhor que este por eles. Continuaram a lutar bravamente e tombaram em grandes números, matando muitos homens de Alexandre. Parmênio foi vítima de um ataque furioso no momento crítico da batalha e pediu socorro; o rei e seus companheiros acudiram e se envolveram numa luta selvagem, sofrendo muitas baixas.

O exército persa não levou a melhor, mas sua feroz resistência a Alexandre teve sucesso num importante aspecto: Alexandre não atingiu a meta de matar ou capturar o rei persa, pondo fim a qualquer disputa acerca de quem era o senhor da Ásia. Dario fugiu da Mesopotâmia para o nordeste, acompanhado por um corpo de cavalaria do sápatra persa da Báctria (Afeganistão), alguns mercenários e Bessos, seu parente e governador regional da Báctria. Após a batalha, Alexandre enfrentou a decisão estratégica de perseguir o Grande Rei ou consolidar sua vitória. Escolheu a segunda alternativa e continuou rumo à Pérsia central para se estabelecer como novo soberano do império e assumir o controle dos legendários tesouros do Grande Rei. Por isso marchou para o sul, rumo à antiga cidade mesopotâmia da Babilônia, que o governador Mazeu lhe entregou sem luta. A reação de Alexandre marcou uma mudança de curso decisiva em sua estratégia de conquista e governo: ele disse ao funcionário imperial persa que mantivesse seu cargo e poder.

§ 5.

Desse momento em diante, Alexandre comportou-se não como um invasor estrangeiro interessado em saquear, mas como um legítimo sucessor ao trono do Império Persa. Os persas que cooperavam eram mantidos nos cargos. Ele também nomeava gregos e macedônios para preencher os cargos vagos ou para servir ao lado dos persas. Sua atitude em matéria de honra, coragem e guerra era visceral, inspirada e definida pela poesia épica e por um espírito de competição que via até os deuses como rivais. Sua atitude em relação ao governo era pragmática. Os heróis de Homero saquearam Troia e foram para casa; Alexandre deixou o campo de batalha e pôs-se a administrar. Faltava-lhe efetivo para administrar muitos territórios distantes sem recorrer aos habitantes do lugar, mesmo aqueles que haviam estado anteriormente a serviço do rei persa, e ele reconhecia que os bárbaros, tanto quanto os macedônios e gregos, podiam demonstrar excelência pessoal. Avaliar a lealdade permanente das pessoas que nomeava era difícil, mais ainda depois que ele havia se afastado, mas não havia nenhuma maneira fácil de monitorar as ações. Assim, os métodos de Alexandre refletiam não apenas a limitada oferta de profissionais adequados, mas também uma filosofia de império que reconhecia a necessidade de estabelecer um governo multiétnico, mais ou menos como fizera anos antes, quando adolescente, ao estabelecer uma "população mista" em Alexandrópolis, na Trácia.

Seu exército macedônio e grego ainda não compreendia plenamente as implicações dessa nova política, como ela mudaria sua condição de "conquistadores" para algo mais parecido com "colegas" ou até "compatriotas". De todo modo, o exército recebeu os salários de seis meses de uma só vez, pagos com os tesouros encontrados na Babilônia. O mês inteiro de festas que se seguiu, animado por dinheiro vivo e o entusiasmo da vitória, empurrou a reflexão política para bem longe dos soldados que celebravam. Alexandre, sempre olhando adiante, reorganizou as unidades de infantaria e cavalaria para ter maior mobilidade tática nas campanhas futuras. Sua rota apontava para o leste. Senhor de toda a riqueza da Babilônia, a ideia de voltar para casa não lhe passava pela cabeça, só a de seguir em frente.

§ 6.

A riqueza chegara no momento certo. Na Europa, a rebelião grega prosseguia, e Antípatro só conseguira levar a melhor até aquele momento disputando uma batalha que custou 3.500 vidas macedônias. O rei enviou para a Europa um fundo de defesa de 3 mil talentos. Pagou também pelos 6 mil soldados de infantaria e os quinhentos de cavalaria que Antípatro havia enviado como reforços para substituir as baixas na Ásia, soldados de que dificilmente podia prescindir como governador na Grécia. Depois de deixar a Babilônia em direção a Susa (no atual Irã), numa jornada de vinte dias, Alexandre entrou num ambiente inteiramente hostil. Susa era Pérsia; seus habitantes não estavam à espera de nenhum libertador e não forneceriam nenhuma ajuda a um exército estrangeiro em marcha. Os patrulheiros tiveram de seguir adiante, procurando provisões que pudessem ser tomadas à força de aldeias hostis; o rei teve de dividir sua coluna em duas, enviando-as por rotas diferentes, para que procurassem alimentos de forma independente. Nunca as habilidades de Alexandre em logística haviam sido submetidas a prova maior. O exército fez a marcha e reagrupou-se em Susa, onde o desvelo do rei foi compensado. A riqueza da cidade era dele.

Alexandre havia iniciado essa guerra seguindo os planos de seu pai, buscando vingança para a agressão persa de anos antes. Ele não se esqueceu dessa justificação histórica e arrancou dos palácios de Susa duas estátuas, que enviou de volta para Atenas. Elas representavam os famosos "tiranicidas" Harmódio e Aristógito, que os atenienses honravam por terem devolvido a liberdade à sua cidade no século VI. Xerxes havia levado as estátuas embora quando saqueara Atenas em 480. Alexandre tinha aguda consciência do poder dos símbolos e sabia que símbolos históricos assumiam um significado no presente. Ele se lembrava com vivo ressentimento da maneira como os tebanos o haviam degradado como "o tirano da Grécia". Com esse presente dos "tiranicidas" arrancado dos salões do rei Persa e devolvido à democrática Atenas, declarou para si mesmo que não era nenhum tirano – um chefe que, pela definição grega do termo, não merecia governar –, mas sim o líder dos gregos, macedônios e persas livres, e de todos os demais, gozando de um status superior conquistado por meio de incomparável excelência.

Alexandre continuou a mostrar, de maneira bem pública, que estava comprometido com um entendimento cultural que incluía os persas, pelo menos aqueles persas que o tratavam com respeito. Enquanto estava em Susa, recebeu de casa um carregamento de roupas e tecidos tingidos de púrpura, a cor da realeza. Talvez esse fosse um presente de sua mãe, que decerto tinha razão de se sentir orgulhosa do filho, novo soberano de um império e recentemente proclamado um deus na Terra, pelo menos no Egito. Alexandre enviou esses ornamentos reais para a mãe de Dario, que estivera sob sua proteção desde que fora capturada em Isso. O rei os apresentou como um presente para honrar sua "segunda mãe", juntamente com uma mensagem dizendo que ela e suas netas podiam fazer roupas com os tecidos, caso os apreciassem, e que ele enviava algumas mulheres para ensinar-lhes o que fazer. A ex-rainha caiu num pranto de vergonha diante disso, pois, para uma mulher persa de sua condição, era desonroso trabalhar como costureira comum. O historiador Cúrcio nos conta a segunda parte da história: quando Alexandre soube que ela estava aborrecida, foi imediatamente a seu encontro e lhe disse: "Mãe, as roupas que estou usando hoje foram presentes de minhas irmãs, que

CÚRCIO

Quinto Cúrcio Rufo escreveu sua história de Alexandre em latim provavelmente no século I d.C. Do total de dez capítulos do texto, os dois primeiros não sobreviveram, e grandes parcelas dos outros também se perderam. Evidências mostram que ele teve uma carreira como erudito de sucesso e funcionário imperial romano altamente graduado.

É provável que Cúrcio tenha baseado sua obra na história de Clitarco (hoje perdida), que aparentemente escreveu uma interessante narrativa cuja base era o que via como as fraquezas e os defeitos de Alexandre. Cúrcio animou sua narrativa de maneira semelhante, com discursos comoventes proferidos em momentos tensos, e expressou críticas acerbas a Alexandre, apresentando-o como um homem de grandes qualidades e realizações (ver, por exemplo, 3.12.18-20, 10.5.26-36), mas corrompido pelo sucesso e mergulhando cada vez mais na raiva excessiva, na pretensão à divindade e no respeito pelos bárbaros (atitude abominada por Cúrcio).

as fizeram. Cometi um engano baseado em nossos costumes. Por favor, não se aborreça com minha ignorância dos seus hábitos. Acho que fiz o possível para agir de acordo com o que descobri sobre seu modo de vida. Sei que segundo os costumes persas não é permitido a um filho sentar-se na presença da mãe, a menos que ela dê permissão, por isso sempre fiquei de pé até que a senhora me mandasse sentar. Muitas vezes eu a vi prestes a se prostrar ao chão diante de mim, mas proibi que o fizesse. E dou-lhe o título que é devido à minha amada mãe Olímpia!" Quando, pouco depois, a mãe de Dario lhe pediu que poupasse uma população que lhe havia oposto resistência, ele atendeu o pedido.

Assim como uma jornada de conquista, a invasão da Ásia por Alexandre foi uma jornada de descoberta, e, quanto mais ele se afastava do mundo familiar do mar Mediterrâneo, mais penetrava num mundo que ninguém vira antes, porque ele mesmo o criava, dia a dia. A criação era informada pelo poder da história e da literatura, mas refletia a necessidade de ser rei da Ásia, não meramente dos macedônios na Ásia. Ele sabia por sua leitura de Heródoto que toda nação – fosse grega ou não – acreditava que seus costumes eram os melhores e resistia a adotar os de outras. A determinação de Alexandre de misturar costumes e práticas segundo sua percepção e sabedoria foi a maneira característica pela qual procurou se distinguir.

§ 7.

Ao mesmo tempo que inventava uma nova cultura para apoiar seus objetivos, Alexandre cuidava da estratégia e da tática. O imperativo estratégico imediato era apoderar-se do tesouro real que se encontrava na capital, Persépolis, o próprio coração do Império Persa, antes que agentes de Dario pudessem levar embora essas riquezas a fim de sustentar os esforços do Grande Rei para recuperar seu trono. O desafio tático era chegar até lá. A rota mais direta de Susa para Persépolis era árdua, um caminho através do elevado e estreito passo chamado "Portões da Pérsia". Nem o talento de Alexandre para a logística improvisada na marcha bastava para conduzir todo o exército, ou mesmo a maior parte da força, por esse caminho. Por isso, tomando um contingente pequeno e móvel, reunindo apenas o número de homens que as montanhas incultas podiam alimentar, ele tentou forçar a passagem pelo passo, defendido por 25 mil soldados persas leais a Dario. Estes, fazendo pedregulhos rolarem de grandes alturas sobre os invasores, conseguiram o que nenhum exército persa fora capaz até então: forçaram Alexandre a dar meia-volta. Ele ficou furioso, mas continuava a ser o tático brilhante e o estudioso de história. Em 480 a.C., o exército persa sob Xerxes, em sua marcha através da Grécia rumo a Atenas, chegara a um passo estreito e defendido. Fazendo o mesmo que, segundo a narrativa de Heródoto, Xerxes havia feito nos "Portões Quentes" (*Thermopylae*, ou Termópilas em grego), Alexandre flanqueou agora os Portões Persas. Ele encontrou em seu acampamento um persa bilíngue que conhecia o terreno local, e depois de interrogá-lo enviou um pelotão por uma trilha íngreme até a retaguarda dos defensores. Atacando os persas pelos dois lados, seu exército lutou através das montanhas e desceu sobre Persépolis (*Pārsa* em persa), a cidade nomeada em homenagem ao herói grego Perses, filho de Zeus, que (como Alexandre sabia por Heródoto e Platão) fundara a família de Dario. Essa herança, claro, tornava parentes os gregos e persas, como o próprio Xerxes dissera.

Relatos de que a população local estava trabalhando para levar embora o conteúdo do tesouro aumentaram a pressa de Alexandre, mas o terreno era difícil e a população, hostil. Sua persistente raiva diante dos contratempos foi atiçada por um espetáculo horripilante. Como Cúrcio descreve, os macedônios depararam com um deplorável grupo de 4 mil gregos "cujo destino tem poucos exemplos em nossa memória". Tratava-se de ex-prisioneiros capturados pelos persas. Seus captores os haviam mutilado, cortando fora os pés de alguns, as mãos e as orelhas de outros, e marcando-os todos com ferros em brasa. Os torturadores os haviam mantido em exibição pública para zombar desses estrangeiros e humilhá-los, só os libertando quando o exército de Alexandre se aproximou. O espetáculo dessas vítimas da crueldade imperial levou Alexandre às lágrimas. Ele prometeu mandar todos de volta para a Grécia, com generosos estipêndios que lhes permitissem começar de novo, ou viver em conforto o resto de suas vidas prejudicadas. Mas eles, por vergonha diante de sua própria desfiguração, pediram para ser reacomodados onde estavam. Alexandre atendeu a esse desejo, doando recursos para seu sustento.

Fervendo de raiva, Alexandre chegou a Persépolis, entrou na cidade e permitiu que seus homens a saqueassem violentamente. Eles aterrorizaram os habitantes e furtaram tanto quanto lhes foi possível. Em seu frenesi por ouro, prata e objetos de valor, os soldados chegavam a matar os prisioneiros, embora estes valessem uma fortuna em resgate ou em lucro no mercado de escravos. Em desespero e terror, os habitantes de Persépolis começaram a se trancar dentro de casa e a destruir seus próprios lares com fogo atiçado sobre suas cabeças e as de suas próprias famílias. Por fim Alexandre ordenou a seus homens que não molestassem as mulheres nem tocassem em suas roupas.

§ 8.

O verdadeiro prêmio de Persépolis não era a fortuna de seus cidadãos arrancada das casas por soldados comuns, mas o tesouro do rei, repleto com 120 mil talentos de prata e ouro. Como Cúrcio descreve maravilhado, essa soma de dinheiro era quase inacreditável. Combinada com os espólios que Alexandre já havia angariado de tesouros persas, o último butim elevou o ganho do rei com a expedição asiática ao inimaginável total de 200 mil talentos. É difícil calcular um equivalente moderno para essa soma, pois não possuímos informação precisa sobre salários e preços na época. Se imaginarmos que o salário anual de um operário especializado hoje é US$50 mil, e que um talento grego era o equivalente a 6 mil dias de salário para um operário especializado, o total que Alexandre ganhara com a conquista chega a US$1,6 trilhão. Dinheiro nunca mais seria empecilho para sua ânsia de se provar rei da Ásia e alcançar um nível de excelência que nenhum ser humano jamais imaginara.

Os reis persas haviam armazenado suas reservas de metais preciosos na forma de barras de ouro e prata ou de objetos, mas Alexandre fez algo muito diferente com as riquezas que lhe haviam caído do céu até ali. Fundou uma série de casas de cunhagem, distribuídas por todo o seu império, da Macedônia à Mesopotâmia, e ordenou que elas produzissem ("cunhassem") enormes quantidades de moedas de prata e ouro para serem postas em circulação. As datas precisas em que essas moedas começaram a ser cunhadas não são conhecidas, mas elas se tornaram de longe o maior influxo de dinheiro cunhado na história até então. Com o tempo a cunhagem de Alexandre transformou as tradições de troca econômica no sudoeste e centro da Ásia. Anteriormente, quase nenhum povo usara moedas, exceto em áreas povoadas por gregos, ou em que os gregos faziam negócios. A maior parte do Império Persa recorria a outras formas de troca, como escambo (troca de mercadoria feita de comum acordo) ou barras de prata ou ouro pesadas numa balança (em contraposição a moedas, cujo peso era regulado). Agora as moedas de Alexandre inundaram toda a região. Elas eram cunhadas com o padrão internacional dominante de peso, o das famosas moedas de prata de Atenas. Estas eram chamadas "corujas" por causa da imagem da ave sagrada para a deusa Atena nelas estampada. Haviam sido as únicas moedas amplamente aceitas no comércio internacional em todo o mundo grego. O peso e a pureza da prata e do ouro tinham extrema importância, porque o valor de face das moedas dependia principalmente do valor intrínseco do metal precioso com que eram cunhadas. As moedas de Alexandre, como as de Atenas, eram produzidas com o mais elevado nível de qualidade e uniformidade, e a confiança que inspiravam fez com que se tornassem a moeda internacional comum no mundo mediterrâneo oriental. Como outras cunhagens gregas, elas tinham imagens estampadas em ambos os lados, juntamente com seu nome em letras gregas. Esses desenhos expressavam a conexão pessoal do rei com os poderes divinos de que se sentia mais próximo: Zeus, Héracles, Atena e Niké. Os deuses eram aqueles para quem ele erguera altares dos dois lados do estreito do Helesponto ao cruzá-lo pela primeira vez, ao partir da Europa na busca de grandeza. Tendo essas imagens estampadas nas moedas, junto com seu próprio nome, ele transmitia uma mensagem aos milhões de pessoas que as manuseavam: Alexandre gozava de uma posição especial como o favorito dos deuses no mundo.

O macedônio não deixou ociosa sua fortuna recém-adquirida. A guerra contínua acarretava inumeráveis despesas e seguiria fazendo-o – afinal, Dario ainda estava em liberdade –, mas Alexandre não dedicou seu tesouro inteiramente a fins militares. Voltou seu poder econômico para o serviço do conhecimento, cuja busca era para ele uma função central da vida bem-vivida. Enviou cinquenta talentos de prata persa para o filósofo Xenócrates na Grécia, convidando-o a ingressar na expedição e encomendando-lhe um livro de normas para o exercício do poder real. Mas Xenócrates recusou o convite para ir à Ásia, preferindo seu novo cargo como diretor da escola que Platão fundara em Atenas. Ele de fato escreveu um livro sobre a realeza, que infelizmente não sobreviveu, por cujo pagamento aceitou 1% do presente oferecido por Alexandre, devolvendo o resto. Alexandre enviou oitocentos talentos para Aristóteles, no que talvez tenha sido a maior bolsa de pesquisa educacional na história. O ex-professor do rei usaria esse generoso recurso para contratar um vasto grupo de pesquisadores que viajaria extensamente colhendo dados de pessoas com conhecimento em primeira mão sobre animais de todos os tipos, em diversas regiões e climas. Alexandre não financiou essa investigação para gerar benefícios imediatos; taxonomia biológica e estudos do comportamento animal não ajudariam seu exército a capturar ou matar Dario, e não romperiam os muros de uma única cidade. Ele gastou esse dinheiro porque acreditava no valor do conhecimento por si mesmo, o ideal que seu mestre nele instilara. Gastou-o porque nenhuma outra pessoa no mundo podia fazer ou faria o que ele podia e fez.

§ 9.

A maior parte de nossas fontes relata um evento que ocorreu no início de 330, quando Alexandre celebrava sua vitória em Persépolis, evento que lhe causou grande remorso e prejudicou a reputação de excelência pela qual tanto ansiava. A capital persa abrigava um vasto complexo de construções reais rebuscadamente decoradas, hoje conhecidas como "O Palácio". Esse famoso monumento arquitetônico foi quase destruído por um incêndio pelo qual Alexandre foi pessoalmente responsável. Segundo Arriano, ele mandou atear o fogo de caso pensado, para cumprir a promessa que fizera aos gregos de que vingaria a queima de templos gregos promovida pelos persas em 480. Outras fontes dizem que o incêndio começou durante uma orgia descontrolada, quando uma mulher chamada Taís, artista profissional vinda de Atenas, convenceu Alexandre, horrivelmente embriagado, de que ele poderia aumentar sua reputação junto aos gregos se destruísse pelo fogo esse símbolo do orgulho persa. Andando aos tropeços num desfile ébrio, gritando que homenageavam Dioniso, o deus do vinho, os participantes da festa seguiram o exemplo de Alexandre e atearam fogo às tapeçarias e vigas de madeira do palácio com tochas.

As paredes e colunas eram de pedra entalhada, mas o calor da conflagração do interior inflamável dos prédios foi tamanho que rachaduras se espalharam por todos os blocos. O dano para o complexo foi catastrófico.

"Por quê?" – essa é uma questão difícil. Se Alexandre ateou o fogo de caso pensado, ignorava o conselho de Parmênio, que ressaltou que ele estaria destruindo sua propriedade e mostrando não ter nenhuma intenção de governar a Ásia, querendo apenas se deslocar de um campo de batalha para outro. Não seria a primeira vez que Alexandre ignorava Parmênio, e ele levava suas promessas a sério. Por outro lado, as fontes que descrevem a bacanal dizem que o rei acordou na manhã seguinte com uma cruciante ressaca e imediatamente se arrependeu da destruição ébria como um ato vergonhoso.

É difícil compreender esse infame episódio. Alexandre mantinha funcionários persas cooperativos em seus cargos como administradores do império, e havia tratado as mulheres da família real persa como membros de sua própria família. Tudo isso sugere alguém que não tinha os olhos voltados para o oeste, para trás de si, mas sim fixos no leste. Suas observações sobre eventos na Grécia europeia – o comentário sobre a "batalha de camundongos" a respeito da cruel e dispendiosa guerra dos espartanos contra Antípatro – sugerem que agora ele considerava a política grega relativamente trivial. Suas ações apontam para um desejo de ser visto por todos como legítimo rei da Ásia, não como o rei dos macedônios e o *hegemon* dos gregos, ou mesmo, de fato, como mais um "grande rei da Pérsia", um sucessor de Dario (e portanto implicitamente igual a ele). O *hegemon* dos gregos poderia destruir o palácio

PERSÉPOLIS

Persépolis ("cidade de Perseu" em grego) era uma das capitais do Império Persa. A cidade se orgulhava das estruturas grandiosas que o Grande Rei usava para receber embaixadores ou peticionários e promover enormes festivais. A construção do complexo conhecido como "O Palácio" começou no fim do século VI a.C. e continuou pelos duzentos anos seguintes, até que Alexandre tomasse a cidade. O palácio estendia-se por um terraço que cobria mais de 90 mil metros quadrados, recortados da encosta de um morro e preparados para formar uma plataforma plana para as construções. Uma cisterna armazenava água, enquanto túneis para esgoto escavados sob a superfície forneciam drenagem. Vastas escadarias davam acesso ao terraço, no qual se entrava atravessando um pórtico flanqueado por estátuas de pedra de touros gigantescos com cabeças de homens barbados. Painéis esculpidos em pedra representavam soldados da unidade de elite do exército persa, os chamados "Imortais", que serviam como guarda pessoal do Grande Rei.

O terraço continha numerosas galerias de pé-direito alto, cheias de colunas de madeira e pedra, como a "Galeria das Cem Colunas". Com quase oitenta metros de comprimento, parecia uma espetacular floresta sob um teto muito elevado. A maior construção era a Apadana, cuja enorme galeria central, com suas colunas de dezoito metros de altura, permitia ao rei receber dignitários num espaço que expressava sua grandeza e superioridade sobre todas as demais pessoas no mundo.

de Persépolis pelo fogo, mas o rei da Ásia nada ganharia com essa destruição brutal. Talvez a explicação mais plausível seja esta: o fogo foi aceso por uma venenosa combinação de excesso de raiva, excesso de exuberância frívola e excesso de vinho, justamente na hora errada.

§ 10.

Aristóteles alertara para os perigos desse tipo de excesso. Alexandre, como outros homens da elite macedônia, enraivecia-se rapidamente ante uma mera insinuação de desonra. As fontes não deixam claro em que momento o incêndio aconteceu, mas a maioria dos estudiosos o situa bem depois da primeira entrada do rei na cidade, após uma expedição de um mês de duração pela zona rural circundante para "pacificar" (com grande violência) as povoações persas locais. Tendo completado sua vitória sobre Persépolis, Alexandre fez uma pausa para organizar celebrações e sacrifícios em comemoração às suas façanhas. Mesmo em meio às festividades e ao entusiasmo do sucesso, é provável que ele, que tinha uma memória imbatível para os insultos, ainda estivesse irado por ter sido bloqueado nos Portões da Pérsia, o que tomou como fracasso pessoal. E também por ter visto a soturna coluna de gregos mutilados e desonrados que o havia feito chorar, e pela intransigência da população mesmo depois que ele tomara Persépolis.

Alguns autores modernos descreveram Alexandre como um alcoólatra cuja vida e decisões eram determinadas pela adição à bebida. Mas esse é um pensamento anacrônico. O efeito do álcool sobre o cérebro humano é uma questão de química, claro, e portanto certamente era o mesmo para Alexandre que para rapazes que vivem em nosso século. Mas, tanto agora como então, o álcool não atua sobre uma vida humana independentemente de outros fatores. Qualquer compreensão moderna do abuso do álcool supõe uma vida de abundância numa sociedade tecnologicamente avançada, e no caso do mundo desenvolvido uma vida relativamente tranquila e bastante sedentária no contexto de um cenário familiar e social particular. As concepções modernas também supõem acesso ilimitado a vinho, graças ao milagre da moderna produção e distribuição comercial de alimentos. Para compreender Alexandre, temos de abandonar a maior parte desses pressupostos. Ele e seus companheiros eram homens evidentemente capazes de caminhar quilômetros, dia após dia, através dos terrenos mais acidentados do mundo, que treinavam constantemente para combate corpo a corpo com armas pesadas, que lutavam regularmente face a face com inimigos armados e os matavam em meio a uma mixórdia de sangue; esses homens sobreviviam por longos períodos com rações que deixariam um atleta americano faminto, e depois da infância circulavam em meios que durante longos períodos eram exclusivamente masculinos, exceto por criadas, escravas e prostitutas. O que um conselheiro moderno chamaria de "consumo problemático de álcool", tanto em termos de quantidade quanto de resultado social, era uma função da vida esperada e mesmo celebrada na belicosa corte de um rei. O papel que a bebida desempenhava em suas vidas, fosse qual fosse, deve ser compreendido no contexto global dessas vidas.

O pensamento antigo, informado pela cultura antiga, oferece palavras simples que nos ajudam a compreender as festas caóticas, de muita bebedeira, que ocuparam inúmeras noites da vida de Alexandre. A tradição macedônia exigia a comemoração regada a muito vinho quando o tesouro da Pérsia foi tomado intacto. Como fizera seu pai após a vitória em Queroneia, embebedar-se com os amigos era para Alexandre o clímax inevitável e necessário para um sucesso sem precedentes no campo de batalha. Estudos modernos dos padrões de consumo de álcool em diversas culturas revelam que é um procedimento comum e apreciado para homens, em particular beber copiosamente, mesmo ao ponto da total embriaguez, quando a ocasião e os padrões culturais o exigem. Isso era certamente verdadeiro na antiga cultura persa, como Alexandre bem sabia pela leitura de Heródoto. Quando se viam diante de decisões importantes, os homens persas faziam reuniões em que ficavam bêbados e discutiam as questões; depois voltavam a debatê-las quando sóbrios. Se suas conclusões fossem as mesmas em ambas as circunstâncias, sentiam-se confiantes. Decerto entre macedônios antigos a embriaguez em grupo constituía um costume regular e esperado, com funções sociais específicas.

Isso não quer dizer que a embriaguez não fosse perigosa. Aristóteles, trabalhando a partir de uma perspectiva do século IV, familiarizada com as culturas macedônia e grega, assim descreveu o problema: a embriaguez e a ira são semelhantes no prejuízo que causam ao julgamento das pessoas. Tanto a ira quanto o álcool põem as pessoas numa posição em que, paradoxalmente, elas têm o conhecimento que as move, mas também estão desprovidas da sabedoria necessária para agir bem. Quando estão ao mesmo tempo ébrias e encolerizadas, explicou o mestre, esse efeito incapacitante se multiplica. Bêbado e furioso, Alexandre poderia ter ordenado que o palácio fosse incendiado. Aristóteles acrescentou, entretanto, que o fato de estar embriagado não abrandava em nada a responsabilidade de uma pessoa por suas próprias ações, pois embebedar-se era uma ação voluntária. Era adequado, concluiu ele, que a penalidade legal por um crime se duplicasse se ele fosse cometido em estado de embriaguez. O remorso era a única reação apropriada.

Como no banquete na Macedônia, quando um Filipe enraivecido e embriagado havia atacado o próprio filho com a espada, assim também em Persépolis a ira e o álcool foram o inimigo da excelência apropriada a um rei filosoficamente orientado. Alexandre era excepcional, mas toda a sua vida, desde a infância, o habituara, bem como a todos que o cercavam, a se entregar à irascibilidade em matérias de honra e a um apetite insaciável pelo vinho como laço social em ocasiões especiais. A persistência de hábitos adquiridos na juventude era uma verdade humana para a qual Aristóteles alertava em seus ensinamentos sobre ética, uma dura realidade a cujas consequências nem o próprio Alexandre podia escapar.

6. A conquista do mundo como rei da Ásia (330-329 a.C.)

§ 1.

No início de 330 Alexandre havia posto o Grande Rei da Pérsia para fugir rumo ao canto norte de seu império. Agora ele era senhor do Egito e detinha Persépolis, a capital persa. Os tesouros imperiais eram seus, e suas inovadoras políticas de reforma econômica, integração cultural (limitada) e estabilidade política estavam sendo aplicadas em milhões de quilômetros quadrados. Os gregos estavam suficientemente vingados por quaisquer danos que os persas lhes tivessem infligido em séculos anteriores. Alexandre tinha no corpo muitas cicatrizes de cirurgias feitas no campo de batalha para tratar ferimentos causados por projéteis, e seus homens eram veteranos de uma série ininterrupta de vitórias contra cidades fortificadas e exércitos que invariavelmente os deixavam em desvantagem numérica. Ele poderia ter declarado vitória e se acomodado para descansar e governar em meio à riqueza e ao conforto, desfrutando de uma reputação merecida e universalmente reconhecida como o maior vitorioso que a Terra já vira, condição que seu mundo respeitava e enaltecia (como, aliás, todas as outras eras da história humana).

O lazer e o ócio tal como desfrutados pelos mortais comuns não exerciam a menor atração sobre Alexandre. Durante a primavera daquele ano ele enviou seus agentes para averiguar o que Dario estava fazendo oitocentos quilômetros ao norte,

CIRURGIA NO CAMPO DE BATALHA

Médicos executavam operações sangrentas em condições de emergência no campo de batalha para tentar salvar a vida dos soldados; projéteis causavam os ferimentos mais profundos, que requeriam as cirurgias mais dolorosas, como descreve Celso (*De medicina* 7.5). Extrair flechas era lancinante quando a ponta na extremidade da haste se alojava num osso. Como as pontas geralmente tinham farpas pontiagudas, puxar uma flecha para fora do ferimento rasgava o músculo e os vasos sanguíneos; por isso, podia ser menos perigoso empurrá-la ferimento adentro até que saísse pelo outro lado. Os cirurgiões usavam um instrumento de metal em forma de Y para expandir as bordas do ferimento e facilitar o puxão ou o empurrão. Se a flecha tivesse de ser puxada para trás, o cirurgião podia usar um instrumento chamado "colher de Diocles", em homenagem a seu inventor: tratava-se de uma peça lisa de metal com um pequeno buraco na extremidade anterior para agarrar a ponta da flecha e depois puxá-la; as laterais eram viradas para dentro, de modo a proteger a carne enquanto a flecha era extraída. Se a ponta da flecha ficasse presa num osso, o médico colocava pequenos caniços em volta da haste para suavizar a saída e fazer buracos no osso em volta do ponto de impacto, a fim de evitar que ele se estilhaçasse, o que tornava a recuperação especialmente complicada. É difícil imaginar como os pacientes suportavam a dor e a perda de sangue nessas cirurgias. Quando sobreviviam à operação, a infecção tornava-se um enorme risco. É extraordinário que Alexandre tenha continuado vivo depois de ter se ferido gravemente várias vezes. Plutarco arrola onze ferimentos diferentes de Alexandre, com flechas, espadas, porretes e pedras (*Moralia* 327 A-B = *Sobre a sorte de Alexandre*).

em Ecbátana, a capital de veraneio imperial. Esses espiões relataram que Dario e seu parente Bessos, sátrapa da Báctria, haviam conseguido reunir um exército de 9 mil homens (6 mil de infantaria e 3 mil de cavalaria) e a soma de 7 mil talentos. Embora fosse uma desprezível sombra das hordas internacionais e do tesouro ilimitado anteriores à disposição do rei persa, esse número de homens era grande demais para uma mera guarda pessoal, e a soma de dinheiro grande demais para sua mera manutenção. Alexandre compreendeu que Dario pretendia enfrentá-lo de novo e agiu rapidamente, preparando seu exército para sair de Persépolis. Fossem quais fossem os planos de Dario, se ele tivesse se oferecido em rendição ou desaparecido convenientemente, não restaria agora a Alexandre outra escolha senão pôr fim a essa guerra no campo. Embora não houvesse nenhuma evidência de que Dario representasse uma enorme ameaça – ele já fora derrotado duas vezes com sua força total –, um aspirante a Grande Rei ressurgente com um exército substancial baseado nas satrapias orientais seria um insolente estorvo aos planos de Alexandre. Não satisfeito em ser rei dos macedônios, *hegemon* dos gregos, faraó do Egito e rei da Ásia, Alexandre pretendia marchar para a Índia, imitando e superando a lendária jornada de Dioniso e Héracles. Qualquer barreira à sua ambição era intolerável. E assim os macedônios prepararam-se para marchar para a luta.

§ 2.

Quando Dario soube que Alexandre estava no seu encalço, conduziu suas forças para a Báctria, a nordeste. Alexandre dividiu seu exército em unidades menores que pudessem ser autossuficientes durante a viagem, planejando reunir sua força total antes de enfrentar o inimigo. As marchas dos macedônios eram maravilhas de planejamento, rapidez e resistência ao longo de centenas de quilômetros. Entre os milagres cotidianos de logística militar que Alexandre operava esteve o transporte por Parmênio de 7 mil toneladas de ouro e prata de Persépolis para Ecbátana; essa viagem exigiu 20 mil burros e 5 mil camelos. Postos em fila, esses animais formavam uma linha de mais de oitenta quilômetros de comprimento. Mesmo quando a caravana encontrava uma estrada larga o bastante para que dez animais andassem lado a lado, a coluna se estendia por cerca de doze quilômetros e levava meio dia para avançar apenas o correspondente a seu comprimento. O próprio Alexandre foi depressa à frente e chegou a Ecbátana apenas cinco dias depois que Dario partira.

Agora o sentido e o objetivo da guerra de Alexandre haviam se alterado fundamentalmente. Ele não estava mais lutando como *hegemon* dos gregos, mas como autoproclamado rei da Ásia, e lutava não por saque ou vingança, mas para criar um novo mundo para dominar. Esse mundo estava acima de qualquer coisa que suas tropas gregas ou macedônias tivessem imaginado quando partiram. Os macedônios lhe deviam lealdade como seu rei herdado e reconhecido, mas os gregos só estavam presos a ele pelos juramentos que haviam feito em Corinto, promessas que agora já haviam cumprido. Com tudo isso em mente, Alexandre liberou os gregos de seu serviço com agradecimentos e generosos bônus para lhes permitir voltar mais depressa. Muitos deles, porém, optaram por se realizar como mercenários, felicíssimos por marchar para o desconhecido atrás de seu líder carismático, brilhante e financeiramente generoso. Alexandre não foi o único cuja nostalgia da terra natal esmaeceu quando surgiram novos panoramas.

Deixando para trás Parmênio, que tinha agora quase setenta anos e iria servir bem como administrador regional, Alexandre perseguiu Dario com uma série de marchas forçadas em grande velocidade, sobre longas distâncias. Enquanto os macedônios se aproximavam, Bessos reconsiderou sua lealdade ao rei, traiu o seu senhor e mandou prender Dario. Ao saber disso, Alexandre duplicou seus esforços e precipitou-se numa furiosa arremetida com a cavalaria, percorrendo mais de quatrocentos quilômetros de deserto em sete dias. Só sessenta de seus homens conseguiram acompanhá-lo. Eles encontraram apenas o cadáver de Dario. Os ex-subordinados do persa o haviam assassinado e coroado seu parente Bessos como rei; este partira a cavalo para a Báctria, com o título que acabara de reivindicar, para organizar a resistência militar a partir do refúgio nas montanhas bactrianas. Alexandre fez uma pausa para homenagear Dario. Qualquer que tivesse sido a mensagem de ira ou vingança que pretendera transmitir através da pilhagem e do incêndio em Persépolis, ele a pôs de lado nesse momento ao se defrontar com o antigo adversário. Mandou o corpo do rei de volta para Persépolis a fim de ser enterrado com honras de Estado nas tumbas ancestrais dos reis persas. O irmão do rei morto foi honrado com o título de companheiro de Alexandre, o único persa a quem jamais foi concedida essa distinção. A vida de Dario terminou na sordidez e na traição, mas para Alexandre ele era o legítimo rei, cujo status exigia tratamento dignificado. Ele não podia conceber ou aceitar um mundo que deixasse de demonstrar o devido respeito pela autoridade e a superioridade.

§ 3.

Bessos provavelmente calculou que Alexandre rumaria para o sudeste em busca dos prazeres das terras mais cálidas e ricas do Paquistão e da Índia, em vez de persegui-lo nos ermos inóspitos do Afeganistão, dando assim ao rebelde traidor tempo de reunir forças para lhe opor resistência. Ou talvez esperasse que Alexandre o ignorasse por completo, escondido como estava em seus redutos bactrianos. O persa avaliou seu adversário de maneira gravemente incorreta. Com planejamento caracteristicamente minucioso, Alexandre dividiu seu exército em duas seções, protegeu a zona rural ao sul do mar Cáspio, que estaria na sua retaguarda, e avançou para a Báctria. Os sátrapas persas na área, reconhecendo agora ser impossível detê-lo, renderam-se voluntariamente. O macedônio aceitou a submissão e, em conformidade com sua política como rei da Ásia, reconduziu a maior parte deles a seus cargos para servirem, ele esperava, como leais subordinados a um soberano politicamente legítimo.

Um desses persas, Nabarzanes, estava com Bessos quando Dario foi assassinado. Apesar de estar envolvido em traição e regicídio, Nabarzanes escapou de punição. Mesmo quando tomado por justa ira, Alexandre sempre se dispusera a perdoar os que expressavam remorso e davam evidências de que permaneceriam leais, ou demostravam particular dignidade e apropriado respeito quando levados à presença do rei. Mas Nabarzanes deixou de ser punido em especial porque teve um advogado, um jovem e bonito eunuco chamado Bagoas. Cúrcio nos conta que Bagoas fora um dos companheiros de Dario, que tinha um relacionamento sexual com o bem-apessoado jovem. Nabarzanes levou esse escravo para Alexandre como presente, e Bagoas implorou, com sucesso, que Alexandre mostrasse clemência a Nabarzanes. Cúrcio vai além, dizendo que Bagoas acompanhou Alexandre e finalmente passou a fornecer serviços sexuais para o novo rei também.

§ 4.

Os conceitos de sexualidade e as práticas sexuais antigas têm sido assuntos intensamente debatidos pelos estudiosos nos últimos tempos. Como compreender a sexualidade de Alexandre, essa foi uma questão mais interessante e ainda mais controversa para eles. O único ponto de concordância nesses debates é que as atitudes antigas são muito diferentes das modernas, e que os termos que usamos para compreender e discutir a sexualidade não se aplicam bem quando tentamos compreender e debater o sexo no mundo antigo. Por exemplo, o termo moderno "homossexualidade" e seus correlativos parecem o mais das vezes referir-se a estados de ser: uma pessoa é "homossexual" ou "heterossexual", ou talvez "bissexual". Esses termos parecem anacrônicos se usados para descrever antigos macedônios e gregos. Por exemplo, um homem ateniense durante o período clássico podia ter um relacionamento sexual publicamente conhecido e aceito com um homem mais jovem, mas também um relacionamento sexual contínuo, casamento e vida familiar com sua esposa. O termo "bissexual" não descreve bem esse estado de coisas, porque esse ateniense maduro evitaria um relacionamento sexual reconhecido com outro homem de sua própria idade e de status livre, mas poderia não pensar duas vezes antes de solicitar sexo de uma escrava ou escravo doméstico. Como nenhum escravo, homem ou mulher, podia recusar propostas sexuais de seu senhor, para um escravo a noção de "sexualidade" parece praticamente desprovida de sentido. A sexualidade das mulheres era também complexa e diversa. Como as escolhas sexuais de uma ateniense livre estavam muito estritamente limitadas à esfera do casamento, para ela um conceito geral de "sexualidade individualizada" parece fazer pouco sentido. Em contraposição, as mulheres adultas em Esparta podiam, aberta e serenamente, ter filhos com outros homens além de seus maridos, e casos com meninas adolescentes. Claro, na corte real persa nenhum subordinado tinha qualquer poder de recusar propostas do Grande Rei, fosse o que fosse que ele quisesse fazer.

Para complicar ainda mais a situação, as fontes revelam que apenas *algumas* comunidades gregas admitiam que relações sexuais entre cidadãos livres do sexo masculino eram legalmente aceitáveis entre um "amante" mais velho e um "amado" mais jovem (para traduzir os termos gregos). E em toda parte os gregos acreditavam enfaticamente que o relacionamento era aceitável e honroso *somente* se o amante maduro o usasse para ajudar a educar o adolescente amado nas coisas do mundo, em como se tornar um cidadão respeitado e influente em sua cidade-Estado. A relação não durava além do momento em que o amado amadurecia e ficava pronto para atuar por si mesmo social e politicamente. Assim, o relacionamento era definido tanto em termos de idade, posição social e status político quanto por gênero ou sexo biológico. Enquanto algumas comunidades celebravam esses relacionamentos, outras meramente os toleravam; e outras ainda os condenavam por completo. Segundo as leis e definições de muitas nações modernas, esses relacionamentos decerto seriam considerados abuso sexual de criança. É até plausível que na elite macedônia ocorressem por vezes casamentos entre irmão e irmã, como certamente acontecia no Egito, costume que hoje seria considerado incesto. Em suma, comparações modernas oferecem pouca ajuda para a interpretação de como o sexo, em todas as suas complexidades, contribuía para a vida dos macedônios antigos e a moldava ou aviltava.

É uma preocupação moderna com a identidade sexual que impele os estudiosos e outros a discutir se Alexandre era, em termos modernos, heterossexual, homossexual ou bissexual. Nem ele nem ninguém que ele tenha conhecido em sua vida teria pensado em formular essa questão nesses termos. A discussão moderna é também alimentada em parte pelo fato de que Alexandre não se casou até relativamente tarde, como se a decisão de se casar fosse de alguma maneira um indicador de paixão sexual em seu mundo: na verdade, os casamentos serviam principalmente para cimentar relações entre famílias e produzir herdeiros a quem legar o patrimônio e o poder. Casamentos arranjados, então como agora, podiam se transformar em relações de amor entre o casal, e muitas vezes assim ocorria, mas não era por isso que o casamento existia no mundo antigo. De qualquer forma, as fontes antigas tinham certeza de que Alexandre era sexualmente ativo com as mulheres. Quando Barsina – filha de um persa proeminente com uma grega e viúva de Mêmnon de Rodes – foi presa em 333 e levada à sua presença, consta que ele ficou tão extasiado por sua beleza – e por seu profundo conhecimento de literatura grega – que a tomou como amante. Plutarco afirmou que Barsina foi a única mulher com quem Alexandre fez sexo antes de seu (primeiro) casamento, vários anos depois, mas outras fontes relatam que ele havia aprendido sobre sexo com Pancasta, mulher da região grega da Tessália tão bonita que Apeles, o pintor, ficou famoso pelo retrato que fez dela nua. Nossas fontes relatam também que Alexandre, como os reis persas que substituiu, escolhia regularmente as parceiras sexuais temporárias que desejava entre as muitas concubinas mantidas na corte. De maneira mais exuberante, elas também revelam que ele passou treze dias fazendo sexo com a chefe de uma tribo de mulheres guerreiras (as "amazonas"), que deixou a região do Cáucaso para vê-lo e pedir-lhe que a engravidasse porque queria ter um filho seu.

As fontes antigas não relatam, contudo, o que os estudiosos modernos afirmaram: que Alexandre e seu grande amigo Heféstio eram amantes. Aquiles e seu igualmente grande amigo Pátroclo fornecem o modelo lendário para essa amizade, mas Homero nunca sugeriu na *Ilíada* que eles faziam sexo. (Isso veio de autores posteriores.) Se Alexandre e Heféstio tinham um relacionamento sexual, ele teria sido transgressivo pela maioria dos padrões gregos, pois se daria entre dois homens da mesma idade, não entre um "amante" mais velho e um "amado" significativamente mais jovem. Como quer que descrevamos a sexualidade de Alexandre, e nenhum rótulo moderno parece adequado, o ponto mais significativo é que a busca de prazer sexual não foi uma obsessão, ou mesmo uma força propulsora, em sua vida. Parece claro que, como Plutarco insiste, Alexandre foi, pela medida de sua cultura, comedido em seus impulsos e comportamentos sexuais, e não dominado por uma necessidade de perseguir o prazer sexual. Isso também é condizente com todas as outras coisas que sabemos sobre o seu caráter a partir de suas ações em outros aspectos da vida: quando tinha um objetivo em vista, nenhuma preocupação com prazer, conforto ou segurança significava coisa alguma para ele; em momentos de descanso, por outro lado, ele podia se entregar por algum tempo à complacência (no sexo, no vinho, na ira). Isso o tornava semelhante a Dioniso.

§ 5.

Alexandre fez uma pausa em sua perseguição do traiçoeiro e assassino Bessos para submeter a julgamento dois grupos que foram levados à sua presença. O primeiro era de mercenários gregos que haviam aceitado servir ao rei persa. O segundo era de embaixadores de estados gregos que haviam sido presos quando iam ao encontro de Dario, então ainda no trono de seu império, para lhe prestar respeitos ou negociar com ele. As decisões de Alexandre mais uma vez mostram o extremo valor que atribuía à lealdade. Ele deixou partir em liberdade os gregos que haviam ingressado no exército persa antes que Filipe formalizasse sua aliança grega; obrigou a continuar a servir em seu próprio exército aqueles que o haviam feito depois disso. Libertou os embaixadores que vinham de comunidades gregas anteriormente sob domínio persa; manteve presos os que provinham de Atenas e Esparta. Estes últimos, cujas cidades natais os haviam enviado para negociar com o rei persa, eram perturbadora evidência de uma rebelião na Grécia que poderia eclodir novamente a qualquer momento. Mas Alexandre nunca hesitou em seu ímpeto de continuar avançando para leste, jamais cogitando sequer por um instante voltar para assegurar a estabilidade em sua terra. Sua meta encontrava-se na direção oposta.

Se seu exército tinha alguma dúvida sobre o compromisso do rei, ela foi dissipada na véspera da partida. Alexandre mandou seus homens reunirem todas as carroças carregadas de pilhas e pilhas de tudo o que havia sido saqueado após suas muitas vitórias, pequenas e grandes. Pegou uma tocha acesa, aproximou-a de sua própria pilha de prêmios e ateou-lhe fogo. Em seguida ordenou que todo o resto fosse queimado também. Os homens ficaram parados, atônitos, até que o exemplo do sacrifício pessoal do rei os impelisse a fazer o mesmo. Estorvados apenas pelos itens essenciais para uma campanha rápida numa região difícil, eles se declararam prontos para partir com disciplina e entusiasmo numa expedição rumo a terras hostis e desconhecidas, que prometiam desafios mais difíceis do que tudo que haviam encontrado até então. Quanto a Alexandre, Plutarco relata que ele incluiu em seu próprio equipamento essencial exemplares das grandes obras da literatura grega. Ao preparar os animais de tração, os víveres e as armas, também encomendou novos exemplares das obras de poetas e dramaturgos, inclusive as peças de Eurípedes, para levar em sua viagem rumo às profundezas da Ásia.

§ 6.

Quando Alexandre partiu, na segunda metade de 330, o primeiro desafio da viagem apresentou-se na retaguarda, e não adiante. Ainda no primeiro estágio de sua marcha ele foi informado de que o ex-sátrapa persa Satibarzanes havia se rebelado contra o novo regime macedônio. Em conformidade com suas políticas de império, Alexandre reconduzira Satibarzanes a seu cargo na região chamada Ária, formando uma pequena guarnição militar para manter a paz e assegurar a lealdade. Mas agora o sátrapa traíra sua confiança e massacrara o comandante e os soldados da guarnição. É possível que as demonstrações públicas que o rei dera de um resoluto compromisso de avançar para leste tivessem produzido no persa uma falsa impressão; os planos de Alexandre situavam-se adiante, mas aquilo era traição e deslealdade. Ele escolheu uma força móvel de reação rápida e marchou para Ária tão depressa que Satibarzanes, sem alimentar nenhuma esperança de resistir, fugiu em pânico para junto de Bessos na Báctria. Apesar da ansiedade de se pôr logo a caminho, Alexandre passou um mês restabelecendo a satrapia, punindo impiedosamente todos os que haviam conspirado com o governador desleal. De maneira significativa, entretanto, mesmo depois dessa rebelião ele se aferrou à sua política: designou outro persa para tomar o lugar de Satibarzanes. Seu compromisso com o novo mundo que estava criando era inabalável.

Percebendo rachaduras potenciais na segurança de sua nova ordem, sérias demais para serem negligenciadas, ele fez mais para proteger seu novo império. Rumou para sudeste a fim de se assegurar de seu controle sobre as regiões de Drangiana e Aracósia (hoje nas fronteiras de Irã, Paquistão e Afeganistão). Em Drangiana, enfrentou o mais chocante desafio com que deparara até ali: uma conspiração contra sua própria vida por parte não de persas insatisfeitos, mas de macedônios mais próximos a ele. Um macedônio jamais se surpreendia quando os rivais de um herdeiro do trono lançavam mão de violência para derrubá-lo durante o período de sucessão; Alexandre havia enfrentado essa ameaça por ocasião da morte de Filipe e agira com segurança célere, confiante e assassina para evitar todos os perigos para si mesmo como novo rei. Mas, num exército em campanha, a milhares de quilômetros de casa, em meio a uma série de vitórias, um complô contra um rei bem-estabelecido era algo sem precedentes. Para Alexandre, que punha a lealdade no pináculo de todas as virtudes, isso era impensável.

O curso desse episódio na vida de Alexandre foi confuso e complicado. No centro estava Filotas, destacado jovem comandante que era filho de Parmênio, o experiente general que Alexandre estacionara na Média, no oeste, para administrar o império enquanto o rei e seu exército se deslocavam para leste. Em consequência de uma rusga de amor entre dois homens no exército macedônio, um deles informou Filotas de que havia uma conspiração para matar Alexandre. Filotas deixou de transmitir essa informação a Alexandre, sem nunca dizer a seu informante por que permanecera em silêncio. Frenético, temendo que qualquer atraso pudesse ocasionar a morte do rei, o informante encontrou uma maneira de transmitir a mensagem a Alexandre. Este reagiu de imediato: enviou guardas armados para prender o homem identificado como assassino, que foi morto quando puxou uma espada para resistir à prisão. A morte tornou impossível verificar o tamanho da conspiração. A crise aumentou. Alexandre prendeu Filotas, sob a alegação de que ele deixara de avisar o rei sobre o perigo. Submetido a julgamento perante o exército, Filotas alegou em sua defesa que, a seu ver, a notícia do complô não passava de boato sem fundamento, inventado por um amante desprezado que tentava se vingar da rejeição. Sua reputação prejudicou a causa, pois era amplamente conhecido e antipatizado por ser arrogante e ostentar a enorme riqueza que adquirira durante as campanhas. Por algum tempo, seus inimigos pessoais haviam espalhado o rumor de que ele fazia comentários críticos e até desleais sobre Alexandre. O julgamento foi marcado por raiva de ambos os lados, e talvez pela lembrança, da parte de Alexandre, do papel que Filotas tivera no fiasco de Pixodaro, na Macedônia. Finalmente Filotas confessou sob tortura e sofreu o tradicional destino dos traidores: seus colegas soldados o mataram a pedradas.

Outros do círculo íntimo também foram julgados, mas, absolvidos por falta de provas. Da distância em que estamos, é impossível saber se essas absolvições indicaram o correto funcionamento da justiça, ou manipulação destinada a manter o maior número possível de macedônios influentes ao lado do rei. De qualquer forma, o caso não conduziu a um massacre indiscriminado de qualquer pessoa com algum possível direito ao poder real, e nisso contrariou a tradição macedônia.

§ 7.

O que aconteceu em seguida foi indubitavelmente político. Primeiro, Alexandre, o rei, ordenou o julgamento de Alexandre de Lincéstida, que passara três anos sob custódia, sob a suspeita de pretender se apossar do poder após a morte de Filipe. Ele foi arrastado diante do exército para finalmente ser julgado. Impedido pelo medo de falar de maneira eficaz, foi condenado à morte. Esse homem não havia representado uma grande ameaça para a posição de Alexandre; seu principal crime era o fato de que sua estirpe o tornava elegível para governar como rei. Ameaça maior era Parmênio, o pai de Filotas, o que morrera apedrejado pelo exército de Alexandre. Pelo costume macedônio, era esperável que Parmênio procurasse se vingar, quer seu filho fosse culpado ou inocente. Por conseguinte, era especialmente preocupante que Parmênio estivesse estacionado, numa posição de considerável poder e independência, na Média, na retaguarda de Alexandre. Ele tinha acesso aos soldados e tesouros persas. Era membro da elite social macedônia, afamado como soldado, general e astuto ator político. Acima de tudo, Parmênio gozava do respeito do exército. Ele seria uma grave ameaça para Alexandre caso se provasse desleal, e após esse complô contra a vida do rei sua lealdade certamente estava em questão.

Alexandre não tinha como ignorar o perigo representado por um homem que poderia tomar o poder, detê-lo, deixá-lo isolado junto com sua força expedicionária nos ermos da Pérsia oriental e denominar-se o rei dos macedônios. Sufocar uma rebelião como essa exigiria no mínimo meses e adiaria indefinidamente as ambições de Alexandre mais a leste. Assim, o rei agiu com decisão, em conformidade com seu caráter, e com violência, em conformidade com as tradições das regras de conduta vigentes na corte macedônia. Ele mandou um de seus companheiros – disfarçado com roupas árabes e montado num camelo – viajar a toda pressa para Ecbátana, levando cartas que autorizavam a morte de Parmênio sem julgamento. Esse homem percorreu quase 1.300 quilômetros de deserto num ritmo febril; chegou antes do décimo primeiro dia e, no que foi mais importante, antes de qualquer notícia do julgamento e execução de Filotas. Enquanto Parmênio lia a carta, o mensageiro concluiu sua missão, cortando a cabeça do homem que servira a Alexandre como respeitado camarada em armas e conselheiro – e ao pai dele antes disso. O assassinato do velho general foi uma ação que Alexandre não pode ter ordenado de maneira irrefletida. O homem era um eminente comandante militar cuja morte certamente enfureceria muitos no exército. Ele e Alexandre haviam discordado em questões militares no passado, até entrado em choque algumas vezes, mas nada no histórico do ancião justificava sua execução sumária, pelo menos segundo as noções modernas de justiça. A justificativa no mundo de Alexandre vinha da violenta realidade da política do poder no seio da elite macedônia, e da disposição do rei de agir conforme a essas normas sempre que suspeitava de qualquer risco de deslealdade, qualquer ameaça que fosse à sua superioridade. Ao fazer essa opção, ele era um homem de seu tempo e lugar, movido pela intenção de ser literalmente único no mundo.

§ 8.

Agora Alexandre estava certo ao pensar que muitos de seus compatriotas – tanto entre os escalões inferiores de soldados quanto no círculo íntimo mais próximo – estavam acerbamente irritados com ele. O cerne do problema era sua nova política, sempre em expansão, como rei da Ásia (não mais meramente rei dos macedônios), de acordo com a qual ele havia posto seus antigos inimigos persas em cargos administrativos. Os macedônios haviam lutado, sangrado e morrido para conquistar territórios que os persas estavam agora governando. O que levava essa raiva a um ponto de ebulição era o poder dos símbolos, que chamavam atenção das pessoas para detalhes específicos, ao mesmo tempo que afetavam mais amplamente suas percepções e atitudes. Os símbolos que enfureciam especialmente os macedônios e gregos em torno de Alexandre eram as próprias roupas do rei e os protocolos que agora determinavam o comportamento de todos na corte real. Alexandre tentava misturar os costumes de sua própria herança com uma forte dose de costumes persas. Em vez da túnica simples habitualmente usada pelos macedônios, ele começou a usar um manto branco e cinto ao estilo persa. Passou também a portar em volta da cabeça uma faixa de tecido púrpura entretecida com fios brancos, o chamado "diadema" da realeza persa. Exigia que seus companheiros usassem capas com borda púrpura, ao estilo persa, e equipassem seus cavalos com atavios que tinham aspecto persa. É fácil ver por quê. Para reinar sobre a Ásia como rei da Ásia, Alexandre precisava se mostrar para as pessoas como elas esperavam que um rei se mostrasse. Aqueles que estavam sempre em volta do rei eram parte de seu "traje" e tinham de se vestir de acordo também. É igualmente fácil ver por que macedônios e gregos eram contra isso: embora fossem os vitoriosos, solicitava-se que eles adotassem (um pouco) a aparência dos vencidos.

Compreendendo que essas concessões simbólicas à fusão cultural eram controversas, para dizer o mínimo, Alexandre evitava cuidadosamente transpor certos limites. Ele não usava mangas compridas, à maneira persa. E não adotava a peça mais característica (aos olhos dos europeus) e ofensiva (aos olhos de gregos e macedônios) da vestimenta bárbara: calças. Como

Plutarco observa, Alexandre misturava suas roupas numa combinação original, para mostrar que não privilegiava um estilo sobre o outro, e sim criava um novo estilo para simbolizar o novo mundo que estava trabalhando para inventar.

Ele inventou também novo conjunto de protocolos para sua corte, novo pelo menos para um rei dos macedônios. Persas receberam funções como criados reais, e o irmão de Dario ganhou especial proeminência como um de seus guarda-costas, posição reservada no passado à elite macedônia. Alexandre chegou a montar um harém de concubinas escolhidas entre as mais belas mulheres da Ásia, no qual, segundo se conta, elegia uma mulher diferente para dormir com ele a cada noite do ano, exatamente como os reis persas costumavam fazer. Em seus novos protocolos, tal como em sua nova maneira de se vestir, ele pretendia não impor aos gregos e macedônios a tradição da corte persa que lhes era mais odiosa: a ação de deitar-se de bruços no chão – *proskynesis*, como os gregos a chamavam – quando chegavam à presença do rei, como um sinal físico de respeito por seu status superior. Ele só exigia essa prosternação de persas e outros asiáticos acostumados à tradição. Não fazia objeção se gregos e macedônios decidiam se prostrar, mas não exigia isso deles.

Por mais que Alexandre se empenhasse em alcançar moderação entre suas tradições e os novos modos, os costumes "mistos" não foram considerados aceitáveis por muitos macedônios e gregos. Em vez de encarar a mistura como símbolo de algo novo e válido em si mesmo, como um aspecto fundamental da maneira como Alexandre estava escolhendo governar como rei da Ásia (e mais), eles interpretaram as mudanças como manobras flagrantes cujo objetivo era a obliteração final das tradições que lhes eram tão caras. Temiam que as novas tradições combinadas apontassem o caminho para a imposição, em breve, de modos de viver e governar puramente bárbaros e asiáticos. O que Alexandre via como conciliação criativa era visto por eles como um declive escorregadio. Ademais, eles temiam que as mudanças pudessem significar apenas maior expansão da política de seu rei de recorrer a ex-inimigos como governantes e partidários. À medida que avançasse mais para leste, eles sabiam, Alexandre entraria em territórios de diversos povos dos quais gregos e macedônios não tinham praticamente nenhum conhecimento formado. Eles haviam chegado ali sabendo pelo menos alguma coisa a respeito da Pérsia e dos povos que habitavam o Império Persa, a partir da longa história de interação entre gregos, macedônios e persas, sobre a qual muito se escrevera, e por isso podiam pretender ser capazes de usar esse conhecimento para ajudá-los a servir como administradores eficientes de antigas possessões imperiais persas. Mas nas terras para as quais Alexandre planejava ir agora eles estariam completamente às cegas, por assim dizer, ignorando os costumes locais que excelentes administradores precisavam saber para governar com segurança e de maneira produtiva. Parecia-lhes razoável temer que nesses novos lugares Alexandre quisesse se valer ainda mais, ou mesmo exclusivamente, de pessoas daquelas regiões que lhe oferecessem lealdade. Por essas razões, muitos macedônios e gregos estavam apreensivos com relação a seu lugar no novo mundo, e seu medo era agravado, não amenizado, a cada inovação simbólica que Alexandre acrescentava ao modo de vida deles nessas terras (para eles) cada vez mais estranhas. Essa ansiedade não tinha alternativa senão crescer à medida que a expedição avançava; eles sabiam perfeitamente que Alexandre não recuaria os ponteiros do relógio.

§ 9.

Consciente dessa atmosfera de raiva e apreensão, Alexandre distribuiu generosos presentes ao maior número possível de pessoas, na tentativa de atenuar a insatisfação. Depois se atirou de novo à tarefa de construir o futuro. De fato, sua energia era tão intensa que durante o inverno de 330-329 ele rejeitou a prática usual, cautelosa, de antigos comandantes, que invariavelmente faziam seus exércitos acamparem durante o inverno, para minimizar o desgaste causado por mau tempo, temperaturas baixas e comida escassa. Alexandre construiu uma vila e chamou-a "Antecipação" (*Prophthasia*). Esse nome celebrava seu sucesso em se antecipar aos conspiradores que pretendiam assassiná-lo. Deslocando-se pelo longo vale do rio Helmand, nas montanhas Indocuche, na fronteira com o Afeganistão, ele encontrou os ariaspianos, povo respeitado pelos reis persas por ter apoiado Ciro, o fundador do Império Persa. Alexandre declarou que eles podiam continuar livres porque, dois séculos antes, haviam permanecido leais a seu soberano. Ao chegar a Aracósia, ele nomeou um não persa para o governo, talvez para mostrar aos que duvidavam dele que sua nova política de governo destinava-se a incluir e recompensar a todos, fosse qual fosse sua origem. Marchando para o norte, ele fundou mais um povoado no Afeganistão, chamado Alexandria; essa cidade veio a ser conhecida pela versão árabe desse nome, "Iskandariya", e finalmente por seu nome atual, "Kandahar".

§ 10.

De Kandahar em diante, Alexandre demonstrou a invencível decisão que o impelia para adiante. No meio de um feroz inverno afegão, ele conduziu seu exército pelos desfiladeiros da montanha até o território do Paropâmiso. A neve caía tão pesadamente que cegava os soldados, e eles sofriam as agonias de ulcerações produzidas pelo frio nas mãos e nos pés, que os transportavam por esse caminho hostil. Luvas e botas nunca estiveram entre os itens distribuídos a exércitos treinados para lutar sob o sol mediterrâneo. Incapazes de encontrar alimento nos montes nevados, os homens tinham de comer o peixe cru que conseguiam capturar nos rios congelados, mastigar ervas daninhas e, por fim, abater suas mulas para comê-las. O estresse da dor, a fadiga e a fome deixavam os soldados suscetíveis à fatal hipotermia. Quando o exército estava à beira de um colapso, eles avistaram penachos de fumaça espiralando acima do que pareciam bancos de neve. Descobriram em seguida que eram buracos das chaminés de casas enterradas na neve, as moradas de um povo que contava com a experiência de gerações que haviam sobrevivido a invernos como aquele. Essa gente deu ao exército macedônio provisões suficientes para manter seus homens vivos e em movimento até que Alexandre, com constantes estímulos, pudesse guiá-los montanha abaixo e para fora da neve.

Nada poderia detê-lo, nem mesmo a notícia de que Satibarzanes retornara a Ária com 2 mil cavaleiros bactrianos para suscitar uma rebelião. Alexandre destacou uma unidade para voltar e lidar com os rebeldes. Quando essa força enfrentou Satibarzanes no campo de batalha, o persa arrancou seu elmo e desafiou os macedônios a escolher um campeão para lutar com ele pessoalmente. Erígio, um dos companheiros de Alexandre cuja cabeleira branca revelava a idade avançada, aceitou o desafio. Levando a melhor na luta, ele cravou sua lança no pescoço de Satibarzanes. Em vez de cair, o bárbaro continuou lutando. Erígio, munido agora de espada, enfiou-a além da guarda do persa e atingiu seu rosto. Satibarzanes, em agonia, mas ainda evidentemente sem medo, agarrou a espada e empurrou-a mais profundamente, liquidando sua própria vida e a rebelião. Erígio voltou para Alexandre com a cabeça do persa como troféu. O próprio Alexandre liderou o avanço de seu exército em busca de Bessos, que o esperava com 7 mil homens em meio a "terra arrasada" para lhe bloquear o caminho rumo à Báctria. Mais uma vez o exército macedônio "antecipou-se" com uma marcha forçada que provavelmente o fez percorrer as terras incultas e cheias de neve do passo de Khawak. Com sandálias e túnicas, comendo apenas o alimento que levavam, os homens escalaram as montanhas pedregosas e estéreis em meio a intensas nevascas até o estreito passo, arfando em razão da falta de oxigênio na altitude de 3.600 metros.

Eles percorreram a trilha de oitenta quilômetros em quinze dias, um esforço super-humano, dadas as condições extremas. Assim como o aparecimento inesperado de Alexandre havia deixado os tebanos em pânico em 335, sua chegada à Báctria em 329 assustou Bessos a tal ponto que ele bateu em retirada rumo ao norte, atravessando o rio Oxus (Amu Dária) para entrar na satrapia de Sogdiana (hoje Uzbequistão). Alexandre ganhou o controle da Báctria com força e diplomacia, nomeou um novo sátrapa para governar a região em seu nome e partiu no encalço de Bessos. O fugitivo pretendente ao trono esperava ganhar tempo com a travessia do rio Oxus, pois Alexandre não tinha barcos para transportar seu exército de uma margem à outra. Mas essa campanha estava assumindo a forma de um reexame da história tática de Alexandre, e mais uma vez ele pôs seu exército para fazer barcaças de couro recheado de feno, cruzou o rio e continuou a perseguição.

§ 11.

No lado norte do rio Oxus, Alexandre deparou com uma vila cujos habitantes os acolheram com alegria, sustentando ser gregos! Disseram que eram membros do Branquidai, um clã sacerdotal que Xerxes, como rei da Pérsia, havia transferido de Mileto, na costa da Anatólia, para esse lugar na fronteira oriental de seu império, nos idos de 479. Segundo Cúrcio, a medida fora necessária porque os ancestrais da população da vila haviam ajudado Xerxes a saquear o santuário e oráculo em Dídimos que tinham a obrigação hereditária de proteger, e o rei os levou para o mais longe possível de Mileto a fim de evitar que fossem esmagados pelos cidadãos ultrajados.

Como tinha soldados de Mileto em seu exército, Alexandre perguntou-lhes o que devia acontecer com esses descendentes de antigos traidores e criminosos religiosos. Como os soldados não conseguiram se pôr de acordo com relação a uma resposta adequada, o próprio Alexandre tomou a decisão: os habitantes da vila foram mortos e todos os vestígios dela obliterados, dos alicerces das paredes até as raízes das árvores. O tempo, o esforço e a ferocidade necessários para erradicar esse lugar da face da Terra mostram com inequívoca clareza o profundo valor que Alexandre atribuía a lealdade e piedade. Para defender essas qualidades e exigir vingança por sua traição, nenhuma punição era excessivamente brutal. O peso da justiça era esmagador e fatal, e ninguém esperava que fosse diferente.

No curso das guerras de Alexandre, na Europa e na Ásia, sua espada e sua agressão sempre lhe serviram bem, tanto no campo de batalha quanto ao semear o caos e a consternação entre os inimigos. Mais uma vez, sua chegada rápida destruiu qualquer confiança que os aliados de Bessos poderiam ter, e essa erosão da confiança gerou traição. Espitamenes, líder tribal de Sogdiana, enviou uma mensagem a Alexandre dizendo que lhe entregaria Bessos. O rei despachou seu companheiro Ptolemeu para pegar o prisioneiro. Temendo que sua traição fosse recompensada com traição – e com razão, todos estavam aprendendo quais eram as atitudes de Alexandre diante da lealdade –, Espitamenes deixou Bessos nu e preso numa coleira de madeira, e fugiu antes que Ptolemeu chegasse. O prisioneiro foi arrastado para o acampamento de Alexandre.

7. Assassinato, casamento e mistura de costumes no Afeganistão (329-327 a.C.)

§ 1.

A satrapia da Báctria (Afeganistão) ocupava o canto nordeste do Império Persa, tão distante de Persépolis quanto Persépolis da Macedônia. Os povos da Báctria eram endurecidos pelo ambiente, o calor abrasante dos planaltos, o frio enregelante no alto das montanhas, no geral extremamente seco, exceto por rios ocasionais que entalhavam sulcos através de rocha e areia. Nessa terra, conquistar seria difícil, governar ainda mais.

Para acrescentar a Báctria a seu império, Alexandre tomou uma decisão extraordinária no final de 329, ao chegar à cidade de Bactro (hoje Balkh), a capital da satrapia e, segundo a lenda, a mais antiga cidade do mundo. Bactro era famosa como local sagrado para a religião dos reis persas, hoje chamada de zoroastrismo em homenagem a seu profeta fundador, Zoroastro. Os adeptos do zoroastrismo cultuavam Aúra-Masda como divindade suprema do Universo. Ele era a fonte de todo o bem, e seus adoradores rezavam constantemente por sua vitória, pois esse deus estava em perpétua batalha contra o mal. O fogo era sagrado na fé zoroastrista, e seus sacerdotes cultivavam chamas que mantinham ardentes e puras nos templos. Poluir o fogo era sacrilégio, e não havia nada mais poluído que um cadáver. Em consonância com isso, o povo da Báctria não queimava os mortos, como os macedônios e os gregos muitas vezes faziam, conforme suas próprias noções de respeito pelos finados. Em vez disso, os habitantes de Bactro mantinham cães cujo papel era comer os moribundos e os mortos, cujos corpos eram deixados estendidos nas ruas da cidade. Esses animais eram chamados "agentes funerários".

Quando Alexandre e seus homens entraram nessa cidade lendária, tiveram de marchar ao lado, por cima e em volta de cães rosnadores que mastigavam seres humanos desfigurados, ensanguentados, fétidos e em putrefação. Aquela foi uma visão profundamente perturbadora, em especial para Alexandre, que conhecia bem as linhas de abertura da *Ilíada*, em que o poeta canta o destino que todo herói temia tanto quanto a desgraça de ser tachado de covarde enquanto vivo: ser desonrado tendo o corpo morto posto fora, "atirado aos cães e pasto para as aves". A cena nas ruas de Bactro foi ainda mais chocante para ele porque os funéreos cães se banqueteavam não apenas com cadáveres, mas com os corpos ainda vivos dos idosos e doentes crônicos, jogados nas ruas por suas famílias jovens ou mais saudáveis, para terminar seus dias despedaçados por animais. Alexandre mandou que os "agentes funerários" fossem destruídos, decretando o fim desse costume local (embora evidências arqueológicas posteriores sugiram que em algum momento ele foi retomado).

Nunca antes em sua jornada de conquista Alexandre havia tentado impor mudanças no modo de vida ou nas crenças e práticas religiosas dos muitos povos cujas terras havia conquistado. Ele não tornava obrigatório o culto dos deuses gregos ou a demolição de templos locais; não impunha o grego como língua "oficial" de seu império nem ordenava mudanças nos trajes locais. Reconhecia que impor normas culturais diferentes causaria inquietação social e ressentimento desnecessário, solapando seus planos de governar um império mais vasto e mais diverso do que o antes dominado pelos reis persas. Sabia pela leitura de Heródoto que Ciro o Grande, o fundador do Império Persa, havia se beneficiado do apoio popular que granjeou permitindo que os povos conquistados seguissem seus próprios costumes e religião; em contraposição, o sucessor de Ciro, Cambises, que desrespeitou as tradições sagradas locais, havia prejudicado a própria capacidade de governar com eficiência. Além disso, o fato de Alexandre ter nomeado persas para cargos de governo em seu novo império demonstrava que ele não seguiria a instrução de Aristóteles, segundo a qual os gregos deveriam governar os bárbaros como escravos e tratá-los como animais. E mesmo que seus funcionários persas pudessem ser vistos como exceções, porque eram membros da elite de sua sociedade e haviam gozado do benefício de uma educação sofisticada, Alexandre já havia deixado clara sua rejeição à concepção do mestre.

§ 2.

No ano anterior, quando a notícia de que Bessos matara Dario chegara a seu exército, espalhou-se rapidamente entre as fileiras o boato de que a guerra estava terminada e Alexandre se preparava para levá-los de volta à Macedônia. Os soldados começaram alegremente a organizar a bagagem para ir para casa. Como já estava determinado a prosseguir em direção à Índia, Alexandre reuniu seus homens para persuadi-los a continuar avançando. Cúrcio, que gosta de condimentar sua narrativa com discursos dramáticos (compostos por suas próprias palavras, claro), dedica um bom número de parágrafos aos argumentos de Alexandre instando seus homens a continuar. E ele foi bem-sucedido. Explicou aos soldados que os bárbaros eram muito diferentes dos macedônios e gregos em sua religião, cultura e língua, e que, em decorrência de sua falta de "civilização", sempre haviam vivido como animais selvagens confinados por senhores autoritários. Levaria tempo, explicou, para que fossem "domesticados". A liberdade, em contato com macedônios e gregos, os ensinaria a viver como convinha a homens livres. O vocabulário do discurso de Alexandre talvez refletisse sua necessidade de convencer homens que viam os bárbaros como inferiores (como pensava Cúrcio), mas a ideia principal era clara: os bárbaros podiam, se lhes fosse dada a oportunidade, tornar-se iguais aos macedônios e gregos no plano cultural em seu novo império.

Nesse discurso, Alexandre não especificou se o processo de "civilizar" os bárbaros ocorreria mediante evolução natural, por assim dizer, à medida que estes aprendessem pela observação de como os macedônios e gregos viviam, ou se deveria ser agressivamente promovido, por meio de mudanças por ele exigidas nos costumes dos bárbaros. É evidente que Alexandre estava disposto a impor aos seus seguidores mudanças culturais cuidadosamente pensadas quando julgasse ter chegado o momento adequado, como fez ao exigir que seus companheiros adotassem o traje misto macedônio/grego/persa, que foi o primeiro a usar. O ponto decisivo é que a mudança operada por Alexandre em suas roupas foi uma "mistura", não a eliminação de um modo de vida para substituí-lo completamente por outro, estrangeiro. O mesmo podia ser dito da proibição do uso dos "agentes funerários" em Bactro. Ele vetou esse costume particular, mas deixou intacto o resto das tradições religiosas e sociais da cidade. Dessa maneira, suas decisões criaram mais uma "mistura" de costumes, não a completa supressão de crenças e práticas locais havia muito estabelecidas mediante a imposição violenta de um modo de viver totalmente macedônio e grego.

§ 3.

Com a piora das condições meteorológicas no fim do outono, Alexandre conduziu seu exército de Bactro para Sogdiana, ao norte, avançando rumo ao rio Jaxartes (Sir Dária). Ali ele tomou os fortes fronteiriços que os persas haviam construído para impedir que os nômades masságetas, que viviam na margem oposta do rio, o atravessassem. Um desses fortes era Cirópolis, assim chamado em homenagem a Ciro, o primeiro rei persa. Como Cirópolis resistiu ao ataque, Alexandre assumiu uma punição exemplar, matando todos os defensores do forte de sexo masculino e escravizando as mulheres e crianças. Essa não era a única lição que queria ensinar. Os masságetas eram uma tribo guerreira de citas que todos os gregos instruídos conheciam bem pelos relatos de Heródoto. O historiador contou a história de como Tômiris, rainha dos masságetas, não só havia sobrepujado em astúcia e massacrado o exército invasor de Ciro, matando o rei no processo, mas também decapitado Ciro e enfiado sua cabeça num odre de vinho cheio de sangue humano, num supremo ato de desprezo. Alexandre iria impelir seu exército até Sogdiana, "indo além" de seu predecessor persa, embrenhando-se na Cítia mais profundamente até que o grande Ciro, buscando uma vitória onde o maior dos grandes reis havia encontrado derrota, morte e humilhação.

Os masságetas eram adversários difíceis, peritos em lutar a cavalo, sem cidades permanentes que pudessem ser atacadas. Ao contemplar tão tremendo desafio, Alexandre tomou conhecimento de mais um. Chegaram-lhe notícias de que Espitamenes havia montado cerco a Maracanda (Samarcanda), na retaguarda do exército macedônio. Como estava decidido a cruzar o Jaxartes, Alexandre destacou uma pequena força para sufocar o que pensou ser uma ameaça limitada atrás de si. Talvez ele tenha até pensado que o cerco poderia ser suspenso mediante negociação, em vez de batalha, pois enviou como líder da missão um intérprete, para fazer contato com o inimigo.

Reunidos na margem do rio, os citas lançavam insultos para o outro lado. Alexandre construiu uma base fortificada chamada "Alexandria mais Distante" (*Alexandria Eschatē*) para fins defensivos e simbólicos – nenhum persa jamais fizera tanto – e usou a técnica da "barcaça de couro recheado" para levar seus homens até o outro lado. Comandou ele próprio o ataque, abrindo sua artilharia de campo para promover uma chuva de projéteis sobre os homens na linha de batalha do inimigo; em geral essas armas só eram utilizadas para danificar fortificações. As táticas inovadoras forçaram o inimigo a abandonar as margens do rio. Os masságetas resistiram ao desembarque dos homens de Alexandre dando voltas e mais voltas a cavalo em torno deles, disparando saraivadas de flechas enquanto os macedônios se apressavam em sair de suas barcas improvisadas e escalar a margem. Alexandre usou os arqueiros, os fundibulários e a cavalaria para forçar o inimigo a recuar, formando uma cabeça de ponte com armas combinadas que desbarataram os citas, e viu seu exército seguro em terra firme. Apesar da alardeada mobilidade dos citas, mais de mil deles morreram antes que outros conseguissem fugir a cavalo.

§ 4.

No ímpeto para dar prosseguimento à sua vitória e "ir além", Alexandre pressionou fortemente seu exército a avançar no encalço dos citas fugitivos. Eles marcharam através de uma região árida, tornada ainda mais árida por elevadíssimas temperaturas. Os homens ficaram sedentos, e no desespero por água bebiam de fontes salobras que em condições normais teriam ignorado. A diarreia começou a grassar no exército, e o próprio Alexandre ficou tão doente que quase morreu. Foi preciso carregá-lo de volta para o acampamento, pondo fim à perseguição. Em seguida um chefe cita enviou um mensageiro dizendo que fora um erro seu atacar e pedindo a trégua; Alexandre estava doente demais para recusar a proposta. Arriano, mostrando compreender bem a motivação característica de Alexandre, observa que este teria considerado vergonhoso não reiniciar a expedição punitiva contra os citas se os tivesse julgado indignos de confiança.

Quando Alexandre estava se recuperando, péssimas notícias chegaram: Espitamenes havia destruído os homens que ele enviara para aliviar o cerco de Maracanda. O comandante designado por Alexandre não havia conseguido manter a disciplina no campo de batalha, e o massacre resultante fora ao mesmo tempo uma perda devastadora de efetivo e uma mancha na crônica de Alexandre como comandante em chefe. Rapidamente ele reuniu uma força de elite, que conduziu por 290 quilômetros em três dias e uma noite, mas Espitamenes fugiu antes de sua chegada. Como agora o inverno estava rigoroso demais para que o exército continuasse lutando, Alexandre teve de voltar para Bactro. Ali, ele reorganizou suas forças para lhes conferir ainda mais flexibilidade, a fim de que rivalizassem melhor com as táticas extremamente móveis de seus novos adversários. Os citas consumiam apenas o que a terra oferecia, deslocando-se livremente por seu país com seus rebanhos de gado, evitando habilmente a batalha, exceto em condições que eles mesmos escolhiam. Guerrear com eles era como caçar fantasmas, mesmo para um tático com a habilidade e a imaginação de Alexandre.

§ 5.

Enquanto Alexandre esperava o fim da neve e do frio, embaixadores dos bárbaros do norte foram ter com ele. Primeiro chegaram citas, que lhe ofereceram uma princesa em casamento. Depois vieram outros, que propuseram uma campanha militar conjunta que avançasse mais pelas estepes. Alexandre agradeceu a ambos, mas rejeitou as ofertas. Seu destino era ir para a Índia, disse-lhes, expandir sua conquista da Ásia. Acrescentou que retornaria, mas somente passando pela Grécia depois que tivesse chegado aos confins mais orientais do continente. É difícil imaginar as ideias geográficas que informavam a visão de Alexandre, e as fontes antigas não as explicam. Sua geografia provavelmente provinha de Aristóteles. Ele (e outros) ensinava que a Terra era uma esfera, e talvez Alexandre acreditasse que poderia atravessar a Ásia do oeste para o leste e depois retornar à Europa viajando na mesma direção. Ou quem sabe acreditava que o continente europeu-asiático era cercado por uma faixa de mar, o Oceano, como os gregos o chamavam, e que portanto ele podia navegar por esse rio interminável de volta à Europa em torno da Terra esférica. Fossem quais fossem as ideias de Alexandre sobre a configuração dos continentes, sua decisão de não avançar mais para o norte (ou para o sul) correspondia também a uma noção explicada por Aristóteles: a seção civilizada da Terra era uma faixa horizontal que se estendia de oeste para leste do globo. As regiões ao norte e ao sul desse setor eram frias demais ou quentes demais para qualquer coisa exceto os bárbaros de vida mais rude. Para Alexandre, só era possível avançar por um caminho. Dioniso e Héracles, os homens de ouro da mitologia grega, haviam unido a Europa e a Ásia por meio de jornadas de conquista, e Alexandre só poderia "ir além" deles atravessando a Índia.

Antes de continuar, Alexandre tinha mais uma última obrigação a cumprir como sucessor de Dario, o último Grande Rei da Pérsia. No início de 328 ele ordenou que arrastassem Bessos até a frente de uma assembleia pública. Ali o puniu como traidor segundo a tradição real persa: o nariz e a ponta das orelhas do usurpador foram cortados fora. Essa excruciante desfiguração servia como humilhação visível e permanente, um sinal de que o criminoso era indigno de ser rei persa, que, por exigência da tradição, deveria ser um homem belo e irrepreensível. Bessos foi mandado de volta acorrentado para a Pérsia, para ali enfrentar a execução como desonrado regicida. Arriano criticou a mutilação sangrenta de Bessos como ato "bárbaro", indigno de Alexandre, e acusou o rei macedônio de ter deixado de conquistar "uma vitória sobre si mesmo". Alexandre, entretanto, sabia pela leitura de Heródoto que essa era a punição apropriada segundo os padrões persas, e se esperava que um rei a infligisse. De fato, Dario I inscrevera na encosta de uma montanha em Behistun (perto de Quermanchá, no Irã), para todos verem o que ele fazia com um traidor: "Corto seu nariz, suas orelhas, sua língua, arranco-lhe um dos olhos. ... Depois mando que o espetem numa estaca." Alexandre considerava o destino de Bessos perfeitamente apropriado não apenas pela tradição persa, mas também por força do ódio que sentia da deslealdade de um subordinado, o pior crime que podia imaginar.

§ 6.

Na descrição dos países orientais deixada por Heródoto, Alexandre lera que o povo da Índia representava a maior população do mundo. Ele dedicou todo o verão de 328 a ações militares destinadas a aumentar a segurança em Sogdiana e Bactro. Liderou pessoalmente algumas dessas ações e delegou outras. Espitamenes, que se provou um adversário esquivo, havia fortalecido sua posição por meio de alianças com bactrianos e tribos masságetas. Só no final daquele ano ou início do seguinte os homens de Alexandre conseguiram forçar Espitamenes a entrar numa batalha campal e puderam esmagar sua cavalaria. Espitamenes fugiu para as estepes, mas seus ex-aliados masságetas, na esperança de agradar Alexandre e ganhar seu perdão, o traíram, cortaram-lhe a cabeça e enviaram-na ao rei. Este prendeu a família de Espitamenes também, mas tratou-a com bondade, como fizera com a família de Dario. Talvez Alexandre respeitasse a dedicação de Espitamenes, sua determinação de lutar para manter a região livre de invasores. O macedônio realmente tomara a peito as lições de Aristóteles sobre a nobreza da coragem.

No outono de 328, outro incidente revelou que Alexandre continuava letalmente sujeito ao perigo para o qual Aristóteles alertara: a combinação venenosa de álcool e raiva. Alexandre havia designado Cleito como sátrapa da Báctria e de Sogdiana; esse era um elemento essencial em sua estratégia para assegurar que suas conquistas ficassem firmes atrás de si enquanto avançava para o leste. Escolheu Cleito como comandante respeitado, com quem tinha laços pessoais. Cleito possuía décadas de experiência no campo, tendo iniciado sua carreira sob Filipe II. Sua irmã fora ama de Alexandre quando este era bebê, e dizia-se que ele a amava como a uma mãe. Por fim, Alexandre devia a vida a Cleito: na Batalha do Rio Grânico, fora ele quem cortara fora o braço do persa que estava prestes a baixar a espada sobre a cabeça do rei. O mais famoso pintor da Grécia, Apeles, havia comemorado esse momento do heroísmo de Cleito pintando um retrato dele a cavalo.

Cleito, entretanto, vinha alimentando um rancor que emergiu numa noite fatídica em Maracanda. A ocasião foi uma festa na costumeira tradição macedônia, uma noite de intenso consumo de álcool. Alexandre foi o anfitrião da celebração, que segundo ele era uma homenagem a Cástor e Pólux, os gêmeos míticos cujos feitos heroicos lhes haviam valido a imortalidade

BEBIDAS ALCOÓLICAS

Pessoas de todas as idades na região mediterrânea consumiam bebidas alcoólicas fermentadas como alimento básico em quase todas as refeições. O efeito (suavemente) antisséptico do álcool deixava as bebidas mais protegidas da contaminação bacteriana que a água, e as calorias eram bem-vindas num mundo em que muitas pessoas só tinham meios para manter uma dieta pobre. Pensava-se que o vinho ajudava no tratamento de doenças como a febre.

O vinho era feito de uvas em toda a Grécia, e de tâmaras nas terras mediterrâneas orientais. A cerveja era comum no Egito, e o hidromel (mel fermentado), no norte da Europa. Os gregos muitas vezes condimentavam o vinho com especiarias ou mel, e em geral o diluíam com muita água. Julgavam perigoso tomar vinho não diluído porque isso podia causar loucura. Mas mesmo o vinho muito diluído podia deixar os homens embriagados, quando eles bebiam copo após copo durante horas nos *symposia* (festins etílicos), que eram a atividade noturna favorita. Nessas ocasiões, um jogo muito apreciado era usar as taças em que se bebia, em geral tigelas rasas com asas, para atirar a borra de vinho acumulada no fundo contra um alvo – ou contra outros convivas.

Aristóteles identificou dois níveis de embriaguez em sua análise do efeito da bebida sobre diferentes personalidades: 1) "bêbado", significando "quase sem sentidos e incapaz de decidir ou agir"; 2) "com álcool até o pescoço", significando "bêbado demais para tomar boas decisões, sem consciência de estar gravemente incapacitado". A segunda condição era perigosa porque quem bebia assim estava propenso a empreender ações temerárias de que mais tarde se arrependia. A vida de Alexandre ofereceu trágicos exemplos da perspicaz observação de Aristóteles.

entre as estrelas. Nossas fontes discordam com relação ao que aconteceu, e qualquer reconstrução é passível de questionamento. A festa avançou noite adentro, com todos bebendo intensa e continuamente. Alguns dos convivas começaram a proclamar com vozes bêbadas que os feitos de Alexandre já eram maiores que os daqueles heróis divinos a cuja honra o grupo estivera brindando com taça após taça de vinho. Arriano diz que eles também mencionaram Héracles, insistindo em que a inveja de homens inferiores negara a esse herói a honra que lhe era devida enquanto ele ainda vivia. Plutarco acrescenta que um poeta, contratado para acompanhar o exército, começou a recitar um poema cômico de sua própria autoria, zombando dos subcomandantes macedônios que haviam sido superados por bárbaros no campo de batalha. Alguns convidados, ofendidos, começaram a protestar em voz alta, mas Alexandre ordenou ao poeta que continuasse a recitação. Em certa altura, alguém (segundo Cúrcio, Alexandre) exclamou que Filipe nada fizera comparado a seu filho. Toda essa desavergonhada bajulação e adulação do jovem rei pareceu insuportável para Cleito. Ele estava tão embriagado quanto todos os demais, e era sempre uma pessoa impetuosa, irascível e acerbamente crítica dos outros. Nesse momento, com o autocontrole afogado pelo álcool havia muito, Cleito protestou que comparar Alexandre com um deus era inadequado, e de todo modo era desonroso zombar dos macedônios na presença de bárbaros (ele se referia aos persas que faziam parte do *entourage* e da administração de Alexandre). Felizes aqueles macedônios, disse Cleito com rispidez, que não tinham vivido para ver esse dia em que teriam de pedir permissão aos persas para falar com seu rei. E, continuou, quanto ao novo império de Alexandre, era tarefa inútil ser sátrapa de Sogdiana, onde as pessoas não passavam de animais selvagens sedentos de sangue, que nunca poderiam ser dominadas pela força, muito menos governadas. Em seguida abordou o perigoso assunto dos assassinatos de Átalo e Parmênio, e depois se arriscou ainda mais mencionando Filipe: era desonroso denegrir o antigo rei – Cleito havia servido a ele e podia atestar em primeira mão o seu valor – e ignorar o sangue macedônio que os soldados haviam derramado para proporcionar a Alexandre sua lista de vitórias. A glória pertencia aos soldados: "Foram eles que te tornaram tão grande", lançou com escárnio na face de Alexandre, "que podes negar teu próprio pai e fingir ser filho de Amon!"

Alexandre só tinha um epíteto quando estava no mais alto grau da fúria, e agora arremessou a Cleito o insulto supremamente desdenhoso que os gregos posteriores repetiram seguindo seu exemplo: "Seu cabeça de merda!" ("cabeça ruim", em grego). Cleito pagaria por seus insultos, advertiu Alexandre, caso os sustentasse. Cleito fora ao limite do tolerável da parte de um subordinado, mesmo um subordinado respeitado e valorizado como era. Havia mostrado desprezo às reivindicações de Alexandre de um status especial. Depreciara o cargo que este lhe confiara – uma posição de poder e responsabilidade – como exercício vão de futilidade.

Os amigos de Cleito tentaram arrastá-lo para fora da festa. Mas não lhe taparam a boca, e ele gritou um último insulto: Alexandre devia a vida a ele, Cleito, que o havia salvado no rio Grânico. Isso foi demais. Cleito estava insinuando que Alexandre tinha uma dívida com ele. Essa dívida particular podia ser paga, mas nunca superada. O rei podia potencialmente pagar salvando a vida de Cleito, mas seria um ressarcimento de igual para igual, e como a dádiva de Cleito ocorrera primeiro, o reparo estaria inevitavelmente em segundo lugar. O fato de dever sua vida a Cleito comprometia a incomparável superioridade em relação aos demais que Alexandre acreditava definir sua existência, e agora esse déficit permanente lhe era jogado na cara em público. Saltando de um daqueles divãs em que os convivas desses festins etílicos sempre se reclinavam, Alexandre gritou, chamando seus guardas; compreendendo que ele estava bêbado e num ataque de fúria, os homens não responderam. Seus amigos o agarraram e o forçaram a se deitar de novo à força.

Se a confrontação tivesse terminado aí, com o rei e seu general bêbados contidos pelos amigos, o desastre poderia ter sido evitado. Mas Cleito desprendeu-se e irrompeu de volta no grupo. Segundo Plutarco, ele berrou um verso de poesia grega para Alexandre: "Ahhh! As coisas estão sendo mal conduzidas na Grécia!" Por que Cleito teria se desvencilhado para lançar essas palavras aparentemente tão vagas ao rei? Alexandre soube a resposta no mesmo instante. O general estava citando a peça grega *Andrômaca*, de Eurípedes, dramaturgo cujas obras ele, Alexandre, amava tanto que podia representar cenas inteiras de memória. Ele reconheceu a alusão: a fala era dita por Peleu, o pai de Aquiles, numa discussão com Menelau após a queda de Troia. Menelau era o desprezível vilão, e Peleu nessa passagem acusa-o em seguida de ser um vaidoso e imprestável gabola que furtava a glória dos soldados que tinham lutado, e vencido, uma guerra para ele. Esses soldados macedônios nos ermos do Afeganistão estavam tão embebidos de literatura grega que, até completamente bêbados e fora de si de tanta raiva, ainda eram capazes de transmitir o conteúdo de uma conversa inteira citando um único verso de poesia dito no palco ateniense.

Esse verso de Eurípedes deixou Alexandre enlouquecido. Ele agarrou a lança de um de seus guardas e enfiou no peito de Cleito enquanto este tentava se safar aos tropeços. A vítima embriagada morreu ali mesmo. Todas as fontes concordam que Alexandre imediatamente se arrependeu do seu gesto. Por mais humilhantes que as réplicas de Cleito tivessem sido, era também humilhante ver-se um assassino bêbado. Ele arrancou a haste do corpo do homem morto e tentou cravá-la no próprio pescoço. Seus amigos o detiveram antes que ele pudesse tirar sangue. Arriano conta que o remorso de Alexandre por seu ato foi tão profundo que ele passou três dias deitado sem comer e beber, trancado longe de todos em seu desgosto insondável. Por fim, temendo que o rei morresse, seus amigos entraram à força em seu quarto, suplicando-lhe que voltasse para eles. Arriano conta que os sacerdotes do *entourage* de Alexandre lhe disseram então para fazer sacrifícios a Dioniso, o deus do vinho e da violência, que ficara enfurecido porque a festa ocorrera num dia sagrado para ele, e deveria portanto ter sido realizada em sua honra. Plutarco concorda com Arriano que os sábios que Alexandre levava consigo foram também chamados para falar com o desolado rei. O historiador Calístenes tentou aliviá-lo com suavidade consoladora, mas o filósofo Anaxarco chegou com um argumento radicalmente diferente: um verdadeiro e genuíno rei, pela própria natureza de sua superioridade inquestionável, era quem determinava como as coisas deveriam ser conduzidas. O que quer que ele fizesse, isso, por definição, era a coisa certa.

§ 7.

A ideia essencial da tentativa de persuasão de Anaxarco era o próprio cerne do verso de Eurípedes que Cleito lançara e que precipitara a sua morte. Essa ideia era *nomos*, palavra grega para um grupo complexo de coisas. Em alguns contextos, *nomos* significa "costume" ou "o que é convencionalmente aceito como próprio". Em outros, significa "uma lei feita por seres humanos". Todos esses significados agrupam-se sob a noção geral de *nomos*, que se refere à justa e adequada distribuição de poder ou recursos, ao quinhão apropriado das coisas que estão destinadas a todos os envolvidos, sob quaisquer circunstâncias que prevaleçam. O argumento filosófico de que somente o rei definia o *nomos* era uma extensão lógica do argumento de que o rei só podia ser rei superando todos os demais em excelência. Na prática, é claro, podia ser difícil ou mesmo impossível distinguir entre um rei que determine o *nomos* com base numa posição filosoficamente embasada e um tirano que imponha sua vontade por meio de ameaças e violência. Anaxarco levou sua argumentação a um nível superior, dizendo que Zeus como rei dos deuses tinha Justiça (*Dikē*) e Lei Divina (*Themis*) sentadas a seu lado enquanto regia o Universo. Estava sugerindo que Alexandre não era apenas a fonte dos costumes e da legislação da sociedade, mas, como filho de Zeus/Amon, estava também alinhado às forças do direito que ultrapassavam tudo que era humano.

Não há registro de que Alexandre tenha dado uma resposta específica aos argumentos de Anaxarco, mas ele de fato recobrou sua equanimidade e reassumiu seu papel como comandante em chefe. Arriano acrescenta, contudo, que ele nunca negou ou desculpou o que tinha feito. Concordou que errara, sendo um ser humano, e errara terrivelmente. Essa admissão não excluía a noção de que ele era também um ser divino de uma maneira sem precedentes; significava apenas que era também humano. Nesse contexto, vale a pena observar que foi no ano seguinte que, segundo Diodoro, Alexandre teve um filho dado à luz por Barsina, filha de um eminente pai persa e mãe grega (o relato de Justino situa o nascimento dois anos depois). Ela conhecera Alexandre muito tempo antes, quando

JUSTINO

Justino escreveu suas *Histórias filípicas* em latim, talvez no século III ou IV d.C.; nada sabemos sobre ele. A obra foi um sumário do trabalho muito mais longo de Pompeu Trogo, cidadão romano da Gália no século I a.C. O relato que Justino fez da vida de Filipe II se junta ao de Diodoro para nos dar as evidências mais detalhadas de que dispomos sobre as façanhas e metas do pai de Alexandre. Por exemplo, Justino revela como Filipe obteve o apoio dos gregos por mostrar respeito aos deuses, especialmente por guerrear para proteger o santuário de Apolo em Delfos. Justino observa (8.2) que "somente Filipe havia se insurgido para corrigir os crimes que as forças combinadas do mundo deveriam ter punido; por isso merecia ser classificado logo em seguida aos deuses, pois havia defendido sua majestade". Em seu relato da assombrosa transformação da Macedônia, operada por Filipe, de um buraco isolado no mundo mediterrâneo em uma potência internacional, Justino fala francamente sobre as aspirações do rei de dominar a Grécia e seu uso resoluto da política de força.

sua família vivia na corte de Filipe II na Macedônia, e mais tarde fora casada com Mêmnon, o comandante grego que representara a maior ameaça ao exército de Alexandre assim que ele atravessara para a Ásia. Barsina havia sido capturada em 333 e levada junto com a expedição: sua grande beleza arrebatara Alexandre. O ponto significativo sobre o filho que tiveram foi o nome que lhe deram: Héracles. Até onde as evidências que nos restam mostram, esse foi o primeiro bebê a receber esse nome desde o tempo do maior herói do mito grego. O nome tornou-se comum nos séculos que se seguiram à trajetória de Alexandre, mas naquele momento era algo radicalmente novo. O lendário Héracles era filho de Zeus e Alcmena, um pai divino e uma mãe humana, mas diz-se também que ele teve, simultaneamente, um pai humano: Anfitrião, marido de Alcmena. Fosse qual fosse sua genealogia exata, Héracles descendia de alguma forma da união de um deus com um ser humano. O filho de Alexandre e Barsina usou, pela primeira vez na história grega e macedônia, esse nome que identificava inquestionavelmente um de seus progenitores como divino em algum sentido. Esse progenitor era Alexandre, e o nome sem precedentes do filho anunciava ao mundo que seu status era de certa forma mais que humano.

§ 8.

A visão que Alexandre tinha de sua posição sobre-humana no mundo não tornou sua vida em nada mais confortável na fronteira nordeste. Alguns habitantes do lugar continuaram a lutar para se libertar de seu controle. A resistência mais espetacular formou-se sob o comando de Oxiartes, que se refugiara numa fortaleza empoleirada num penhasco escarpado chamado rocha Sogdiana. (Sua localização exata continua indeterminada.) Do alto dos rochedos que, pensavam eles, os deixava seguros, os defensores zombavam dos atacantes. Gritavam para Alexandre lá embaixo que lhe seria necessário encontrar "soldados alados" para chegar até eles. Esse era, claro, o tipo de desafio insultuoso à sua honra e superioridade que Alexandre nunca havia ignorado. Ele convocou voluntários de seu exército com experiência em escalada, e, durante a noite, trezentos homens equipados com cordas e grampos galgaram a face rochosa coberta de neve nos fundos da fortaleza. A subida era tão perigosa que trinta deles despencaram e morreram. Na manhã seguinte, Alexandre fez chegar aos defensores a notícia de que deviam olhar para trás e ver seus "soldados alados". Pasmo ante essa visão, Oxiartes rendeu-se imediatamente. Alexandre aceitou a submissão e, ao chegar a um acordo com o líder bárbaro, deu um passo de grande importância: no início do ano 327 (provavelmente), alcançando agora o fim da casa dos vinte anos, ele se casou com a filha adolescente de Oxiartes, Roxane. As idades da noiva e do noivo estavam em conformidade com o esperado na Grécia. As fontes antigas concordam que Alexandre se apaixonou por Roxane à primeira vista; dizia-se que ela era a mulher mais bonita da Ásia (depois da mulher de Dario). É perfeitamente plausível que Alexandre estivesse encantado por Roxane, pois era um apreciador da beleza feminina: sentira-se atraído por Barsina pela mesma razão, e depois de ver pela primeira vez as mulheres da família real aprisionadas após a batalha de Isso, havia brincado com os amigos, citando uma história famosa de Heródoto e dizendo que essas persas eram tão lindas que "feriam os olhos"!

É igualmente claro que Alexandre seguiu não apenas seu coração, mas também sua cabeça, ao desposar a princesa bárbara. A união criou uma importante aliança política com um influente líder tribal nessa parte não urbanizada do mundo. Agora Alexandre sabia por experiência própria que a Báctria e Sogdiana eram regiões basicamente controladas, por assim dizer, por chefes locais como Oxiartes. Não eram governadas por um rei que exercesse autoridade global e controlasse toda a população local, ou por cidades-Estado com que fosse possível negociar acordos políticos confirmados por juramentos sagrados. A única maneira de promover a estabilidade e a segurança ali era recorrer a laços pessoais de lealdade. Se Alexandre esperava chegar à Índia sem deixar um caos de rebelião atrás de si, tinha de assegurar a estabilidade, e os arranjos para isso deviam refletir as realidades locais.

§ 9.

Seu arranjo com Oxiartes logo provou seu valor. O exército de Alexandre escalou a rocha de Sogdiana na primavera de 327, ao que tudo indica. Não muito tempo depois, o rei enfrentou um desafio ainda mais temível: um ataque ao reduto na montanha do chefe sogdiano Sisimitres (Corienes). Esse líder bárbaro controlava as fortificações da "rocha de Corienes", um promontório de 3.200 metros de altura cercado por uma íngreme ravina e só acessível por uma senda estreita. Os defensores sogdianos haviam reunido grande reserva de comida e estavam preparados para resistir indefinidamente. Eles acreditavam que sua fortaleza era completamente inexpugnável por qualquer exército humano. Alexandre tratou de provar que estavam errados. Seus engenheiros trabalharam noite e dia, empilhando rochas e árvores na ravina, prendendo-as no lugar com estacas fincadas na rocha para transpor o vão. Ele estacionou os arqueiros e a artilharia de campo na estrada elevada improvisada antes de enviar Oxiartes para conversar com Sisimitres. Convencido pela descrição de Oxiartes de sua relação amistosa com Alexandre, e tendo testemunhado a tática incansável e engenhosa do macedônio, Sisimitres se rendeu. Alexandre fez dele um aliado também. As provisões na fortaleza dos sogdianos eram tão vastas que, durante dois meses de um tempo de inverno tão severo que o exército de Alexandre teria corrido o risco da inanição, seus soldados almoçaram bem com os presentes dos novos amigos. Em consequência, Alexandre presenteou Sisimitres com 30 mil cabeças de gado capturadas numa campanha contra os sacas no verão de 327. Essa tribo cita havia traído um tratado com Alexandre, ou simplesmente fora alvo fácil para pilhagem nessa região que não podia ser conquistada ou administrada como a Grécia ou a Pérsia. Os reis persas haviam considerado os sogdianos, pelo menos alguns deles, como seus súditos, mas seu controle sobre essa fronteira mais remota do império sempre havia sido na melhor das hipóteses superficial. Mesmo Alexandre não podia alterar muito essa realidade.

8. Vitória e frustração na Índia
   (327-326 a.C.)

§ 1.

Depois que Alexandre matou Cleito, as coisas pioraram; seus soldados macedônios e gregos estavam cada vez mais hostis às mudanças que ele fazia. Irritava-os ver bárbaros, e bárbaros derrotados, ocupando cargos de poder e gozando da consideração do rei. A tensão cresceu quando Alexandre tentou introduzir outra inovação no protocolo da corte. O novo passo consistiu em expandir o uso do costume persa da prosternação; essa decisão talvez refletisse a crescente percepção que Alexandre tinha do caráter misto, humano e divino, de sua própria natureza. Ao observar esses costumes, os persas não estavam adorando o rei como a um deus. Sua religião via o Grande Rei como um agente terreno do deus Aúra-Masda, mas o próprio agente não era divino. Os gregos viam esse costume de outra maneira. Para eles, a prosternação era uma postura de adoração e culto praticada nos templos dos deuses, diante de estátuas de divindades; servia como um sinal concreto no mundo humano de reconhecimento da existência sobrenatural dessas divindades. Se macedônios ou gregos se prostrassem perante Alexandre, estariam sugerindo, no mínimo, que seu líder era mais que humano.

Nos meses que se seguiram ao assassinato de Cleito, Alexandre realizou um experimento para ver se a prosternação seria aceita como protocolo normal em sua corte, pelo menos quando não europeus estivessem presentes à audiência. Ele discutiu seu plano com antecedência com um grupo seleto de macedônios e gregos de seu círculo íntimo. Eles concordaram em observar o costume numa ocasião cuidadosamente orquestrada. De propósito, Alexandre não ordenou aos não persas que se prosternassem diante dele; eles iriam seguir voluntariamente o exemplo de seu círculo mais chegado. O historiador Calístenes foi um dos que prometeram dar o exemplo, assim como o filósofo Anaxarco.

Na noite escolhida, num jantar a que compareceram macedônios, gregos e persas, Anaxarco sugeriu o tema da divindade. Ele afirmou que Alexandre merecia ser reconhecido como ser humano que alcançara condição divina, sendo mais merecedor disso até que Dioniso e Héracles. Alexandre estava "indo além" até das grandes expedições dos dois, e já havia merecido sua condição divina antes de morrer.

Calístenes rejeitou veementemente a argumentação de Anaxarco. Talvez tenha se surpreendido com a rudeza das palavras do filósofo, e certamente ainda estava magoado com seu próprio fracasso – e sucesso de Anaxarco – nos esforços que fizera para fazer Alexandre recobrar a razão após a morte de Cleito. Ecoando as ideias de seu tio Aristóteles sobre os bárbaros, Calístenes repreendeu Alexandre francamente por ter perdido de vista o objetivo próprio de sua expedição: subjugar a Ásia bárbara ao domínio grego. Alexandre ficou extremamente irritado, mas não respondeu. Em vez disso, passou ao estágio seguinte de seu projeto. Como planejado, serviu a todos uma taça de ouro cheia de vinho. Os macedônios e gregos, que estavam inteirados do plano, pegavam a taça, esvaziavam-na e em seguida se prostravam diante do rei. Ao se levantar do chão, cada um ia se colocar ao lado de Alexandre. Ele os cumprimentava com um beijo, gesto com uma longa história tanto na cultura grega quanto na persa, para demonstrar afeição respeitosa a outra pessoa (e não, neste contexto, amor erótico). Um após outro eles passaram por esse processo, até que chegou a vez de Calístenes. Ele não se prosternou. Intensamente entretido numa conversa com outra pessoa – ele fazia todo o possível para esconder que tinha lugar uma encenação programada –, Alexandre não percebeu a omissão. Quando ela lhe foi apontada, recusou-se a beijar Calístenes. O altivo historiador deixou a festa, exclamando: "Bem, simplesmente vou embora mais pobre de um beijo." Em seguida os persas avançaram, um a um, para prosseguir na prosternação, mas Leonato, comandante especialmente proeminente e membro da elite social macedônia, zombou deles diante de Alexandre. Agora estava claramente tarde demais para que o experimento tivesse sucesso. Alexandre nunca o repetiu. Ele havia aprendido que algumas pessoas, mesmo aquelas próximas dele e de cuja cooperação precisava (por enquanto), nunca iriam aderir à sua nova abordagem à cultura e à norma. Como Aristóteles e Calístenes, elas sempre veriam o mundo definido por uma divisão cultural entre gregos superiores e bárbaros inferiores.

§ 2.

Alexandre levou a sério a amarga lição. Provavelmente foi nessa ocasião, em 327, que providenciou para que 30 mil jovens fossem selecionados na Pérsia para aprender a falar grego e a combater como soldados com armas macedônias. Disse-lhes que se fossem bem-sucedidos no treinamento ele chamaria essa unidade de "Sucessores". Não comunicou o plano a seu exército macedônio. Uma força de 30 mil novos soldados persas era quase tão grande – e dispendiosa – quanto o exército de macedônios e gregos com que ele deixara a Europa para conquistar a Ásia. Guardou para si mesmo o que pretendia fazer com esse novo exército iraniano em treinamento, mas decerto gastava dinheiro para criar para si uma fonte de apoio leal que poderia, por meio de educação específica, ser treinada nos "costumes mistos" que ele considerava essenciais para seus futuros planos.

A lealdade que o exército de Alexandre mantivera através de incontáveis batalhas já não era segura, mesmo entre aqueles mais próximos do rei. Ele não podia mais contar com seus homens. Provas adicionais de que sua relação com eles mudara para sempre surgiram na chamada Conspiração dos Pajens. Os pajens eram jovens dos mais elevados estratos da sociedade macedônia, escolhidos para servir ao rei como um grupo especial de atendentes. Eles tinham acesso à sua presença e atuavam como membros de confiança, ainda que jovens, de seu círculo mais íntimo. Tinham permissão para manusear armas letais na presença do rei e o acompanhavam em suas excursões para caçar animais selvagens, atividade macedônia e grega regular para exercício e socialização masculina que Alexandre organizava com frequência durante as expedições. Numa dessas caçadas, um pajem infringiu as estritas regras hierárquicas vigentes no grupo alanceando um javali antes que o rei pudesse atingi-lo. A punição esperada para essa falta de autocontrole era uma chicotada, e foi isso que Alexandre ordenou para o violador da norma. O jovem impetuoso ficou tão irritado com a dolorosa humilhação que formou uma conspiração com outros oito pajens para assassinar Alexandre. Um dos conspiradores perdeu a coragem, contudo, e revelou o plano. O rei recompensou o informante generosamente, e os apontados foram condenados à morte por apedrejamento, a penalidade macedônia para o regicídio. Arriano e Cúrcio retratam os pajens acusados, em seu julgamento, pronunciando discursos que davam vazão à raiva que sentiam da política de Alexandre em relação a bárbaros e sua violência para com os macedônios que se opunham à sua iniciativa. Mesmo que, como parece provável, o complô tivesse sido alimentado na realidade por sentimentos pessoais, eles acreditavam que podiam ganhar a simpatia dos soldados rasos censurando as condutas de Alexandre.

§ 3.

Se Calístenes havia encorajado ou não ativamente os pajens a matar o rei, ou mesmo se sabia da conspiração, esses são pontos com relação aos quais as fontes discordam. Mas ele estava ativamente envolvido na educação dos jovens, e Alexandre o culpou. Preso, ele morreu algum tempo depois, e não temos nenhuma explicação clara sobre sua morte, se ocorreu por doença ou por execução. Alguns estudiosos sugerem que Alexandre pretendia submeter Calístenes, um grego, a julgamento perante a aliança grega, da qual continuava sendo *hegemon*. Parece igualmente plausível, contudo, que ele tenha se abstido de matar Calístenes imediatamente, por não saber ao certo qual fora seu papel na Conspiração dos Pajens, ou simplesmente porque o historiador era parente de Aristóteles.

Esses detalhes importam muito menos que o fato óbvio: nas vésperas da partida de Alexandre para a Índia, sua corte estava dividida por desconfiança, intriga e ódio. Ele não podia confiar de maneira uniforme em seus comandantes ou nos homens que comandava. Eles tinham passado tempo demais na Báctria, sob tensão; faltavam-lhes a visão de seu comandante e sua inquebrantável perseverança rumo às metas. A melhor esperança de Alexandre para motivá-los era acenar com ação, movimento, vitória e todos os seus benefícios materiais e psicológicos.

§ 4.

A solução era a Índia. Alexandre lera em Heródoto que as partes do mundo mais distantes da Grécia ofereciam "as melhores coisas", e que a Índia em particular encerrava uma imensa quantidade de ouro. Como sempre, ele trabalhou para garantir a segurança na retaguarda e obter informação sobre o que havia à sua frente. Estacionou na Báctria um comandante macedônio de sua confiança, com 10 mil soldados de infantaria e 3 mil de cavalaria, e reforçou a cidade de Alexandria na cordilheira Hindu Kush com um contingente misto de homens do lugar e veteranos de seu próprio exército. Na região montanhosa de Paropâmiso ele posicionou um comandante persa. Havia enviado patrulheiros à sua frente para o noroeste da Índia (como os gregos chamavam a região a leste das montanhas; hoje ela é o Paquistão). Alertados da sua chegada, os soberanos dali foram a seu encontro quando ele se aproximava dos altos desfiladeiros que davam acesso ao território. Alexandre foi informado por esses soberanos locais de que a região estava dilacerada por conflitos; os homens que foram encontrá-lo queriam obter seu apoio contra os inimigos deles. O mais proeminente indiano era Taxiles (Ambhi). Taxiles dominava o território entre o rio Indo, a oeste, e o rio Hidaspes (Jhelum), a leste.

Em seguida Taxiles e os outros soberanos indianos conduziram metade do exército de Alexandre, comandado por Heféstio e Pérdicas com o equipamento mais pesado, através do passo de Khyber até o rio Indo. Eles tinham ordem para esperar ali por Alexandre e o resto do exército a fim de encontrar um caminho através do rio. Alexandre tomou uma rota mais ao norte com o resto do exército. Eles abriram caminho lutando, derrotando as tribos que se recusavam a se render. Essas vitórias foram incrivelmente lucrativas. O exército capturou 40 mil indianos, que podiam ser alugados como servos ou vendidos como escravos, e 250 mil cabeças de excelente gado. Sempre sedento de conhecimento, e sem nenhum limite para o alcance de sua curiosidade, Alexandre inspecionou as vacas capturadas para identificar as melhores; estas ele mandou para a Macedônia como animais reprodutores para o melhoramento do gado europeu. Sua visão de um mundo novo e integrado não se limitava à mistura de culturas humanas. Sua abordagem à conquista também não se abrandara. Ele massacrou 7 mil mercenários indianos que resistiram por três dias depois que o exército do rei os cercou. Diodoro afirma que Alexandre prometera libertá-los caso se rendessem, mas quebrou a promessa. Arriano diz que os mercenários haviam prometido alistar-se com Alexandre, porém quebraram a promessa e tentaram fugir; a morte foi sua punição pela deslealdade. Diante de fontes antigas que se contradizem diretamente, nesse ponto temos de nos valer de uma compreensão do caráter de Alexandre.

§ 5.

Os biógrafos sempre correm o perigo de raciocinar em círculos. Se a história de Alexandre for a história de um matador irracional, como alguns estudiosos imaginam, então o autor antigo que vê essa execução em massa como um ato imotivado de violência parecerá mais coerente e confiável. Se a história de Alexandre for a história de um homem obcecado por lealdade e coragem, cujas ações mais violentas foram sempre uma reação à traição ou à covardia, então o relato de Arriano é mais plausível. Se a vida de Alexandre for a história de um homem cujo caráter mudou diante das dificuldades e da reiterada traição por aqueles que lhe eram próximos, torna-se muito mais difícil ponderar os dois relatos. Talvez faça sentido ver Alexandre na corte como oposto a Alexandre na marcha. Foi durante esses períodos de protelação – acampamentos de inverno, assuntos de Estado – que parecem ter ocorrido os atos mais moralmente questionáveis de desconfiança, violência e destruição: a queima do palácio em Persépolis, o assassinato de Cleito. Na marcha, Alexandre parece estar invariavelmente no controle, dando mostras de clemência e severidade segundo objetivos táticos e estratégicos, procurando vantagem para seu exército e seus planos, pouco se preocupando com segurança pessoal ou assuntos não relacionados a vitória, segurança e excelência. Sob essa luz, a dispendiosa execução de 7 mil escravos em potencial e a perda da riqueza que ele poderia ter doado a seus soldados ficariam sem sentido, exceto como o preço a pagar por uma demonstração pública dos perigos da traição, uma lição para outras tribos indianas cujos caminhos poderiam se cruzar com o dele.

Independentemente das mudanças que os anos difíceis tivessem operado no caráter ou no comportamento de Alexandre, seu anseio, seu *pothos*, de "ir além" permanecia esmagador. A rota para a Índia o levou a um lugar que seus patrulheiros haviam identificado: a cidade chamada Nisa, cujos moradores adoravam um deus que, segundo pareceu a Alexandre, só podia ser Dioniso. Somente em Nisa, de todas as partes dessa região, crescia a hera, a planta sagrada para Dioniso. Alexandre interrompeu sua marcha para visitar todos os sítios na região que pôde identificar com Dioniso e concedeu independência aos habitantes do lugar para mostrar seu respeito pelo deus. Ele queria que todos se lembrassem de que havia estado ali. Nisa fora o ponto mais distante a que Dioniso chegara em sua jornada rumo ao leste, e ele queria que todos soubessem que ele, Alexandre, também parara onde o deus havia parado, só que depois seguira adiante.

§ 6.

Na segunda metade do ano 327, o *pothos* de Alexandre o levou a um vertiginoso espinhaço de pedra que se elevava a mais de 1.500 metros a partir da base no rio Indo. Essa era a rocha de Aornus ("A rocha tão alta que nenhuma ave alcança o cume"). Um bando rebelde de moradores do lugar havia se fortificado no topo desse promontório. Alexandre mandou seus engenheiros construírem um caminho elevado através de uma ravina – com 1,6 quilômetro de largura e 180 metros de profundidade –, de modo que a artilharia pudesse arrasar os defensores enquanto a infantaria atacasse. O caminho ficou pronto em três dias. Assombrados e desalentados diante da rapidez e energia do ataque de Alexandre, os bárbaros se renderam. Alexandre havia posto tudo que tinha nessa espetacular vitória, movido pelo desejo de superar seu ancestral Héracles. Segundo o mito, Héracles, o mais famoso herói grego, havia fracassado na tentativa de tomar a rocha de Aornus. A fortaleza na montanha não era nem tática nem estrategicamente significativa, mas ganhou um lugar no itinerário de Alexandre, tal como Nisa o fizera, como oportunidade para demonstrar uma excelência que superava até as façanhas dos deuses conquistadores.

§ 7.

Em 326 Alexandre avançou para Taxila. Ao chegar, reuniu um grupo de sábios religiosos indianos com especial reputação pela sabedoria. Eles pertenciam ao mais impressionante tipo de homens santos na Índia, que os gregos chamavam de "sábios nus" porque usavam pouca ou nenhuma roupa. Como outros ascetas na Índia, esses homens viviam com extrema autodisciplina, evitando as convenções da existência comum, das refeições regulares ao sexo. Alguns ascetas indianos haviam se oposto abertamente à entrada de Alexandre em sua terra natal. O rei estava portanto ao mesmo tempo desconfiado deles e curioso acerca de suas habilidades intelectuais.

Alexandre submeteu esses homens a uma prova; a natureza desta refletia sua curiosidade, e o objetivo do experimento era defender uma ideia. Ele lhes faria perguntas que pretendiam ser irrespondíveis. Mataria em primeiro lugar o que desse a pior resposta. As perguntas investigariam a sabedoria e perspicácia, e a punição ameaçada submeteria esses renomados sábios – que se haviam arvorado a criticar a missão de conquista de Alexandre – à mesma prova que ele enfrentava em cada hora de sua vida. Afinal, em sua persistente busca de excelência, ele havia se envolvido numa perpétua competição de sabedoria com o mundo todo. Como sempre soubera, e os eventos recentes haviam demonstrado de forma tão clara, sua própria vida estaria perdida a qualquer momento caso fracassasse em uma das provas que lhe eram diariamente apresentadas. Queria que esses sábios indianos comprovassem sua reputação sob as mesmas circunstâncias.

A história de "Alexandre e os sábios nus" tornou-se popular mais tarde, tendo sido recontada de muitas maneiras, com diferentes detalhes. O essencial do que aconteceu parece a versão de um enigma lógico clássico, e assim o narramos aqui. A princípio Alexandre fez perguntas sobre a natureza do mundo, mas depois passou para questões sobre como se deve viver. Perguntou como alguém poderia ser mais amado. "Se ele for o melhor e o mais poderoso" (*kratistos*, o mais *krateros*), mas não um terror", foi a resposta. E depois: "Como pode alguém da raça humana tornar-se um deus?" O sábio a quem coube responder dessa vez disse: "Essa pessoa deve realizar o que um ser humano não consegue." Em seguida o rei perguntou o que era mais forte, a vida ou a morte. "A vida", foi a resposta, "que resiste a tantas coisas más". A última pergunta foi: "Até que ponto viver é uma boa coisa para o homem?" Cada homem respondeu por sua vez, e a resposta final foi: "Viver é uma boa coisa enquanto não parecer a esse homem que morrer é melhor que viver." Diante dessas respostas brilhantemente paradoxais a questões que ele considerara desorientadoras, Alexandre pediu então ao último e mais velho dos sábios que julgasse o desempenho dos colegas.

O velho declarou: "Cada um de nós respondeu pior do que aquele que o sucedeu." Alexandre disse: "Nesse caso, serás o primeiro a morrer por emitir tal julgamento." O sábio lhe respondeu com ousadia: "De maneira alguma, rei, se não estavas mentindo quando disseste que condenaria à morte o que desse a pior resposta." O idoso sábio havia sobrepujado habilmente em astúcia o conquistador com um paradoxo lógico conhecido como "paradoxo do mentiroso": se sua própria resposta era "a pior" por ser incorreta, um dos sábios anteriores deveria ter respondido pior do que ele, e mereceria morrer primeiro. Se sua própria resposta era "pior", então devia estar correta, e portanto ele não merecia morrer.

Honrosamente honesto, Alexandre teve de admitir a inteligência e franqueza do velho sob pressão: mandou que todos os sábios fossem embora vivos, levando presentes. Eles o haviam suplantado na competição, e o rei recompensou sua vitória – ainda que soubesse que bens materiais não tinham nenhuma serventia para aqueles homens de vida simples! Alexandre ficou claramente impressionado com esse episódio, e persuadiu outro sábio asceta, chamado Calano, a se juntar a ele na expedição, com o objetivo de aprender tudo que pudesse dessa sabedoria indiana tão poderosa que podia vencê-lo numa batalha intelectual.

§ 8.

Em maio de 326, Alexandre ficou sabendo que tinha pela frente uma batalha com outro poderoso inimigo indiano, desta vez um inimigo militar que o esperava margem oposta do rio Hidaspes. O adversário era Poro, rei da região além do rio e inimigo de Taxiles. Poro estava decidido a não permitir que Alexandre continuasse avançando para leste no subcontinente indiano e tinha recursos para tanto. Seu exército era grande, e os duzentos elefantes de guerra que usava tornavam aparentemente impossível atacá-lo atravessando o rio. As forças de Alexandre teriam de ser transportadas através da água em barcos e balsas, e o odor de tantos elefantes teria enlouquecido os cavalos assim que o farejassem. Sem cavalaria, Alexandre não tinha nenhuma chance de sobrepujar Poro. Devia atravessar o rio com armas suficientes para vencer a batalha contra um adversário poderoso. Optou por cansar a paciência do inimigo. Volta e meia, mandava pequenas forças aproximarem-se da margem ocidental do rio. A cada vez, Poro supunha que os macedônios estavam iniciando a invasão através do rio e dispunha suas forças em ordem de batalha para se defender. A cada vez, os macedônios desapareciam de volta no acampamento. Por fim, Poro teve de poupar seus homens dos rigores de entrar em forma com armas e passou a se contentar em estacionar sentinelas ao longo da margem do rio. Estas lhe informariam quando a verdadeira invasão estivesse iminente; afinal, seria preciso muito tempo para transportar um exército através do rio, e não faltariam avisos aos soldados indianos e seus elefantes.

Nesse meio-tempo, Alexandre levou uma força combinada de infantaria e cavalaria – 11 mil homens – 27 quilômetros ao norte, rio acima, para um ponto em que uma ilha dividia o curso d'água. A travessia seria mais fácil ali, e a ilha ocultaria seus esforços. A maior parte do exército continuaria no ponto mais baixo do rio, diante de Poro. Segundo o plano, a força menor a montante desferiria um ataque de flanco contra Poro; ao mesmo tempo, a maior parte do exército forçaria uma travessia do Hidaspes. Na noite aprazada o céu estava tempestuoso, com trovões, relâmpagos e chuva. As forças a montante adiaram a travessia até que o dia raiasse e o tempo clareasse. À luz do dia, os patrulheiros de Poro logo avistaram a flotilha macedônia e voltaram correndo para alertá-lo. Quando os barcos de Alexandre colidiram contra a margem, seus homens emergiram para descobrir que ainda não estavam na margem oposta, tendo chegado somente à ilha. Mal conseguiram vadear o segundo braço do rio, num lugar raso o bastante apenas para permitir que homens e cavalos atravessassem sem se afogar. Reuniram-se antes que qualquer oposição chegasse, e Alexandre avançou com a cavalaria na frente, a infantaria atrás e os arqueiros montados aptos a fornecer fogo de cobertura. Poro ficou dividido. Era esse ataque que baixava do norte o grosso do avanço macedônio? Ou apenas mais uma manobra para desviar a atenção? Arriscando-se, tomou uma decisão e enviou seu filho para o norte com uma força limitada de bloqueio de cavalaria e carros de guerra. Sua aposta fracassou. Alexandre capturou todos os carros e matou um de cada cinco dos cavaleiros, inclusive o filho de Poro.

Alexandre ainda tinha de sobrepujar a enorme força de elefantes no centro da linha indiana. Assim, moveu o que parecia ser toda a sua cavalaria para a direita da linha; o objetivo disso era atrair a cavalaria indiana nessa direção. Ele manteve uma uni-

> **ELEFANTES DE GUERRA**
>
> Os exércitos persas e indianos punham seus elefantes treinados no centro das linhas de batalha, onde eles podiam encabeçar uma investida, bloquear o ataque do adversário ou fornecer proteção para os soldados de infantaria. O principal efeito do animal era produzir pânico em meio aos animais da cavalaria ou aos soldados de infantaria do inimigo, por força de sua enorme altura e corpulência e pelo barulho ensurdecedor de seus barridos quando avançavam, fazendo o chão tremer; e, para os cavalos que enfrentavam elefantes pela primeira vez, pelo horrível cheiro. Comandantes podiam enviar elefantes para se enfiar no meio das fileiras inimigas, pisoteando os homens e golpeando-os com as trombas para derrubá-los no chão.
>
> Até elefantes treinados, porém, podiam reagir de maneira imprevisível sob condições de batalha. Apesar das peles grossas, podiam ser feridos por flechas ou lanças. As solas de suas patas eram delicadas e suscetíveis a machucados quando avançavam pesadamente pelo campo. Era impossível controlar animais feridos, que muitas vezes lançavam suas próprias linhas em confusão ou até matavam os que estavam a seu lado, quando tentavam sair de tropel do campo de batalha.

dade oculta, e quando o exército indiano atacou rumo à direita de Alexandre, onde ele parecia mais forte, o esquadrão oculto arremeteu contra a cavalaria de Poro na retaguarda. Forçados a lutar em duas direções, os cavaleiros indianos recuaram para a segurança dos elefantes. Sabendo que não podia esperar que cavalos europeus e persas enfrentassem elefantes, Alexandre enviou sua infantaria contra a formação de cavalaria, infantaria e elefantes indianos densamente amontoados. A princípio os elefantes causaram de fato grandes danos, e os indianos lutaram tenazmente. Mas quando foram feridos, os animais começaram a infligir tantos prejuízos às suas próprias linhas quanto ao inimigo. Na retirada que se seguiu, mais de 20 mil indianos morreram. Poro nunca parou de lutar, mesmo depois de ter sido gravemente ferido sobre o elefante. Sua coragem era irrefreável. Quando Alexandre enviou Taxiles para pedir a rendição, Poro quase o matou; por fim, Alexandre mandou um velho amigo do rei indiano, a quem havia tratado bem. Poro depôs as armas, e Alexandre foi ao encontro do ensanguentado inimigo.

O encontro entre o indiano e o macedônio tornou-se um dos momentos mais famosos da carreira de Alexandre. Ele perguntou a Poro: "Como deverias ser tratado?" Poro respondeu: "Como convém a um rei." Desejoso de reconhecer a grande coragem do adversário, Alexandre disse então: "Mas que queres para ti mesmo?" Poro disse que sua resposta anterior dizia tudo o que precisava ser dito. Admirando a calma dignidade do adversário, Alexandre não só manteve Poro como rei da região a leste do rio como aumentou o território sob seu comando. Se Taxiles havia alimentado a esperança de que Alexandre se livrasse de Poro em seu favor, estava subestimando a admiração do macedônio pela bravura e sua astúcia em manter soberanos eficientes no cargo quando confiava em sua honradez.

§ 9.

Alexandre viu sua vitória sobre Poro como um momento decisivo na história do mundo, e deixou evidências claras e tangíveis disso. Mandou que grandes medalhões de prata fossem cunhados para comemorar a batalha: de um lado desses símbolos semelhantes a moedas estavam representadas as forças indianas que Alexandre enfrentara e vencera, carros puxados por quatro cavalos ou arqueiros com enormes arcos; do outro estava Alexandre a cavalo enfrentando Poro montado num enorme elefante. A figura montada de Alexandre brandia um raio na mão enquanto recebia uma coroa de Niké, deusa da vitória. Essa cena fazia uma afirmação inequívoca: Alexandre era filho de Zeus e podia fazer uso do poder divino do pai (tão em evidência na noite em que atravessou o rio). Por volta dessa época Alexandre mandou também cunhar peças menores de ouro que faziam uma declaração ainda mais surpreendente. De um lado delas via-se um elefante indiano, o outro estava tomado pelo retrato do rei de perfil, usando uma égide, o peitoral recoberto de escamas e cabeças de cobra que a deusa Atena usava em sua função de deusa da guerra, e um capacete feito do crânio de um elefante. A partir das têmporas de Alexandre enroscavam-se os chifres de um carneiro, os símbolos de Amon, o Zeus egípcio.

Nunca antes um macedônio ou grego vivo havia sido representado num objeto como esse. Nunca antes um ser humano vivo fora mostrado num documento público com atributos que o assinalavam como sobre-humano, como alguém que compartilhava da divindade. Como o nome Héracles que Alexandre dera ao filho que tivera com Barsina, essas imagens proclamavam para o mundo que uma nova era chegara. O sábio indiano dissera que um ser humano se torna deus quando realiza "o que um ser humano não pode realizar". Ao se postar na margem leste do rio Hidaspes, Alexandre proclamou a aurora de uma época em que isso acontecera. Ele havia "ido além" da natureza e da condição de um homem. A história de sua vida exige que compreendamos essa afirmação da melhor maneira possível, vivendo, como vivemos, num tempo e lugar que rejeitam a ideia de qualquer ser vivo poder ter as naturezas mistas do humano e do divino, ou que, na melhor das hipóteses, limita essa possibilidade a um curto período de tempo 2 mil anos atrás.

§ 10.

A visão de Alexandre o impelia avante; ócio não era para seres sobre-humanos. Mas os meros mortais em seu exército de fato precisavam de repouso, e ele esperou um mês antes de retomar a marcha Índia adentro, rumo ao que quer que se encontrasse mais além. Como era impossível saber qual a direção do outro lado do mundo, ele mandou construir uma frota de barcos para navegar pelo rio Indo abaixo até o oceano exterior, para o caso de essa vir a ser a melhor maneira de perseguir seu objetivo geográfico. Em seguida conduziu o exército para uma série de vitórias a leste do rio Hidaspes. As batalhas foram árduas, pois muitos povoados indianos resistiam até a morte. A campanha fatigou os macedônios. A luta sangrenta era um esforço violento, mas eles estavam acostumados a lutar; o que nunca tinham experimentado antes era a monção, a desgastante combinação de temperaturas elevadas e umidade ao longo de setenta dias consecutivos de chuva pesada.

A chuva finalmente abateu esse exército nunca derrotado. Acampados na margem oeste do rio Hifase (Beas), os soldados olhavam com pavor através da água para as regiões aparentemente sem fim que se estendiam mais além, que seus patrulheiros diziam ser defendidas por grandes exércitos indianos usando ainda mais elefantes que Poro. Os soldados se aglomeravam em assembleias espontâneas, a maioria declarando que não marcharia mais além e se amotinaria se necessário. Quando Alexandre soube disso, reuniu seus comandantes para lhes fazer um discurso apaixonado. Arriano relata que o rei disse que iria persuadi-los ou ser persuadido por eles. Lembrou-os de suas vitórias, de todas as terras que haviam conquistado e submetido ao domínio macedônio. Declarou abruptamente seu credo pessoal: não havia limite para a obra de um homem que fosse *gennaios*. Este termo grego é usualmente traduzido como "nobre", mas isso não expressa a profundidade de seu significado para Alexandre; ainda que tenha reescrito o discurso para sua história, Arriano captou o ethos de Alexandre brilhantemente. Aristóteles disse que homem *gennaios* era aquele que "não está separado de sua própria natureza", conceito que poderíamos reformular como "aquele que permanece autêntico" ou "que preserva autenticidade pessoal". Este sentido nos ajuda a compreender o que Alexandre tinha em mente, mas é ainda mais útil ver a palavra na *Ilíada* homérica, a obra literária que, mais que qualquer outra, informou a visão que Alexandre tinha de si mesmo. *Gennaios* ocorre apenas uma vez no poema (5.253), num contexto que se ajusta à situação de Alexandre à margem do Hifase. Quando o herói grego Diomedes está prestes a lutar com não apenas um, mas dois heróis troianos de primeira categoria, um colega soldado lhe sugere dar meia-volta em face desse perigo avassalador para sua vida. Diomedes responde: "Não me fales sobre retirada; não me persuadirás. Um homem *gennaios* como sou não se esquiva da luta... a deusa Palas Atena não me permite fugir." Como Aristóteles lhe ensinara, Alexandre via Homero como o guia supremo para a obtenção da excelência que dava sentido à sua vida; nesse momento de crise, ele recorreu a um conceito de excelência da *Ilíada*. Esse conceito exigia que ele, como Diomedes, rejeitasse qualquer argumento em favor da meia-volta, por maior que fosse o perigo e qualquer que fosse o número dos que queriam bater em retirada. Continuando, Alexandre lembrou Héracles e seus homens de como suas façanhas o haviam transformado em deus, e de como, juntos, eles já tinham superado tanto Héracles quanto Dioniso em sua expedição.

O discurso de Alexandre foi seguido por um longo silêncio. Por fim, depois que ele estimulara os generais a se manifestar, um deles tomou a palavra com hesitação, dizendo confiar em Alexandre quando ele afirmava que aquela era uma ocasião para persuasão, e não para compulsão. Em suma, ele disse ao rei que a maior parte do exército estava desencorajada e não iria adiante de bom grado; se fossem obrigados a prosseguir, não seriam confiáveis em batalha. Os outros oficiais começaram a se lamentar quando seu camarada terminou. Alexandre, irritado e impaciente, encerrou a reunião. No dia seguinte anunciou que iria adiante com quem estivesse disposto a segui-lo; não obrigaria ninguém a acompanhá-lo. Como Aquiles na *Ilíada*, com o sentimento de honra traída, ele se fechou em seguida na tenda, rejeitando até seus companheiros. Permaneceu afastado do exército por três dias, na esperança de que os soldados mudassem de ideia. Eles não o fizeram. Alexandre mandou realizar sacrifícios para pôr à prova a vontade dos deuses. Os sacrifícios produziram maus presságios para a travessia do rio e a viagem além dele. Com isso o rei cedeu e decidiu fazer o exército retornar. Antes de partir, mandou construir doze imensas torres na margem do rio para comemorar o apoio que recebera de cada um dos deuses do Olimpo. Ainda assim, parece impossível estimar sua decepção quando por fim deu as costas ao leste após contemplá-lo pela última vez. Mas nem mesmo um rei sobre-humano poderia conduzir um exército extremamente humano desprovido do empenho de demonstrar uma excelência que superava a de todos os outros, um compromisso que para Alexandre era tão necessário quanto respirar. Para ele a única definição aceitável da vida era o repetido credo da *Ilíada*: "Ser sempre o melhor, ser superior aos outros" (6.208 e passim).

Alguns estudiosos acreditam que Alexandre providenciou para que os sacrifícios fracassassem como uma desculpa para mudar de ideia que resguardasse sua dignidade. Nenhuma fonte antiga sugere isso. Na fronteira do mundo, o rei cunhava moedas que afirmavam sua própria divindade; em sua tenda com os calejados e veteranos comandantes, ele invocava Héracles e Dioniso. A história da sua vida é marcada pelo respeito aos deuses. Até sua competição com a divindade, seus esforços para superar o ancestral Héracles, era um sinal de profunda piedade. Quando criança, se lhe perguntavam por que não competia nos Jogos Olímpicos, ele respondia: "Eu o farei, quando puder competir somente com reis." O homem que competia com deuses o fazia porque os respeitava. Não era homem para fabricar sinais enviados por eles como uma máscara cínica para seu próprio orgulho ferido.

§ 11.

No rio Indo, Alexandre encontrou a construção de sua frota em pleno curso: no fim do outono de 326 ela contava oitocentos barcos de bom tamanho suplementados por inúmeras naus menores. Ele embarcou neles alguns soldados e cavalos, e dispôs o grosso do exército, inclusive os elefantes de guerra agora incorporados à sua força, em ambas as margens do rio para marchar lado a lado com a frota. Iria avançar para o sul pelo Indo abaixo até o Oceano (no limite dos continentes segundo a geografia grega), empurrando para os lados qualquer oposição em seu caminho.

E não faltou oposição. Alguns habitantes dos territórios percorridos passavam para o seu lado, juntando-se a seus aliados das regiões no noroeste da Índia, mas outros, chefiados pelos militarmente fortes malianos e instigados pelos filósofos indianos conhecidos como brâmanes, uniram-se para lhe opor resistência. Alexandre concebeu um movimento de pinça para apanhá-los em múltiplas frentes. A fim de lançar um ataque surpresa ao inimigo, ele próprio liderou uma força escolhida por quase noventa quilômetros no deserto em 24 horas. Suas táticas tiveram êxito, e milhares de indianos foram mortos. Estes tinham uma dedicação tão feroz à liberdade que alguns preferiram atear fogo às suas casas com eles dentro a se render. Após dias de luta renhida, os homens de Alexandre começaram a perder o entusiasmo e a iniciativa, o que evidentemente deixou seu líder furioso. Quando chegou a hora de atacar a cidadela murada de uma cidade maliana, Alexandre foi o primeiro a subir a escada de cerco. Assim que ele pisou no topo da muralha com três outros homens, a escada se quebrou com o peso dos que os seguiam. Para o horror de seus soldados, ele saltou do outro lado do muro para enfrentar os defensores sozinho. Os outros três pularam atrás dele. Os indianos dispararam uma saraivada de flechas contra eles, matando imediatamente um macedônio e ferindo Alexandre gravemente com um projétil que lhe furou o peito. Os outros dois soldados o protegeram, segurando sobre seu corpo o escudo que haviam tirado do santuário de Atena em Troia, oito anos antes, e que sempre haviam carregado em combate. Os soldados do lado de fora conseguiram transpor os muros em frenesi para resgatá-lo. Carregaram-no para fora sobre o escudo, semi-inconsciente. Quando a flecha lhe foi arrancada do corpo, a dor o fez desmaiar, mas a hemorragia cessou. Sua vida fora salva por pouco.

A notícia que chegou ao exército, no entanto, foi a de que seu líder havia sido morto. Os soldados caíram em desespero no mesmo instante, lastimando a sorte, sem seu líder e a tão inimaginável distância de casa. Ficaram extasiados de alegria quando Alexandre foi levado para dentro do acampamento deitado numa maca e ergueu o braço para eles. Num supremo ato de vontade, ele se levantou, montou a cavalo, cavalgou até sua tenda e deu alguns passos, quase morto em decorrência da perda de sangue. Os homens reuniram-se à sua volta jogando flores, ansiosos para tocá-lo e provar a si mesmos que ele estava vivo. Alguns amigos de Alexandre o irritaram ao censurá-lo por ter arriscado a vida, mas um velho e rude soldado grego tomou a palavra para dizer: "É isso que os homens fazem, Alexandre." Em seguida, o veterano citou um verso de um drama grego que dizia que o sofrimento é obrigatório para o homem que realiza alguma coisa. Essa referência agradou Alexandre imensamente, e dali em diante ele teve grande apreço pelo velho. Apoiado no entusiasmo renovado do exército, Alexandre prosseguiu. Os malianos e outros, assombrados com a coragem do rei, deixaram de lhe opor resistência e foram transformados em aliados com territórios para controlar; outros indianos, porém, continuaram lutando com uma ferocidade só igualada pelo tratamento letal que Alexandre dispensava a todos que se lhe opunham. Dezenas de milhares foram mortos no avanço para o delta em que o rio Indo desaguava no oceano Índico. Alguns estudiosos modernos consideram que essa violência foi uma matança irracional perpetrada por um terrorista, o extravasamento patológico da frustração de Alexandre ante o fracasso de seu plano de marchar para o leste até onde o mundo permitisse. A réplica a essa interpretação é que Alexandre estava levando adiante a política que seguira invariavelmente desde o início: destruir os que se opunham a ele, recompensar os que a ele se aliavam. É normal e de fato inevitável (experimentos recentes em psicologia comportamental nos ensinam) tentar estabelecer distinções éticas baseadas em números, dizer que a morte de alguns é "política de poder prática", mas a de muitos é "terrorismo". Deixando julgamentos modernos de lado, quer poucos ou muitos morressem, Alexandre, alternadamente generoso e impiedoso, foi coerente em sua conduta.

9. Retorno à Babilônia e divinização (326-323 a.C.)

§ 1.

Alexandre sonhara superar Dioniso e Héracles continuando a rumar para o leste inexplorado (por gregos) até ter dado a volta ao mundo. Agora ele desistira do sonho. A dor desse fracasso era vívida. Mesmo assim, marchou para o sul ao longo do Indo, chegando a um limite extremo do mundo terrestre em Patala na ponta superior do delta do Indo. Os habitantes de Patala tinham fugido, mas Alexandre os persuadiu a voltar para a cidade e ajudá-lo a defendê-la contra tribos vizinhas. Ele ordenou a construção de um porto e de uma cidadela fortificada, bem como de poços e de sistemas de irrigação na zona rural para apoiar uma agricultura mais produtiva. Estava governando a faixa da Índia que percorria segundo sua visão de império. Confiava mais do que nunca em líderes locais, embora ainda pusesse macedônios em posições de comando. Seu aliado indiano mais importante era Poro, e trabalhou para fortalecer o domínio desse ex-adversário e assegurar sua capacidade de governar como um leal e poderoso aliado.

Enquanto procurava orientar-se através do desnorteante emaranhado de vias navegáveis do delta que corriam para o oceano Índico, Alexandre perdeu vários navios nas correntes e marés traiçoeiras. Na borda do subcontinente, ele realizou os sacrifícios que Amon prescrevera no Egito para assinalar seu êxito em chegar ao oceano. Depois fez-se ao mar e realizou sacrifícios a Posêidon, o deus dos mares, exatamente como fizera dez anos antes ao atravessar o Helesponto rumo à Ásia. Derramou uma oferenda de vinho na água e em seguida jogou nela uma taça de ouro, orando para que o deus concedesse à sua frota um retorno seguro à Mesopotâmia. Voltando ao delta, ordenou que um segundo porto fosse construído, a infraestrutura para um constante comércio entre a Índia e seu império a oeste. Queria que viajantes e comerciantes tivessem uma alternativa à laboriosa e cara viagem por terra.

§ 2.

Essa viagem do leste para o oeste apresentou difíceis desafios, porque a rota era longa e não desenvolvida. A costa da Índia até a Mesopotâmia era uma extensão estéril que oferecia pouco alimento e quase nenhuma água. O exército de Alexandre iria marchar de volta por essa rota, margeando o mar e escoltado pela frota, mas os navios teriam dificuldade em carregar provisões suficientes para sustentar as tripulações durante os quatro meses da viagem de volta. Por isso Alexandre dividiu a força, como fizera várias vezes anteriormente em sua marcha para o leste, e enviou uma parte do exército – inclusive os maiores consumidores de comida, os elefantes de guerra – de volta pela rota norte, sob o comando de Crátero. Ele próprio, caracteristicamente, escolheu o maior desafio, a rota por terra, despachando víveres que deveriam ser mantidos em esconderijos pré-posicionados ao longo da costa. Esse plano, que envolvia abastecer uma frota naval por meio de uma força que marchava por terra, invertia os costumeiros arranjos de abastecimento para exércitos gigantescos e era inimaginavelmente audacioso e arriscado. A região agreste e suas tribos belicosas eram mais ameaçadoras que qualquer inimigo que Alexandre já tivesse enfrentado. Semíramis, a lendária rainha guerreira assíria, completara essa marcha a duras penas, emergindo da provação com seu exército reduzido a vinte membros. Ciro, o Grande Rei persa, também tentara invadir a Índia por essa rota, e de seu exército só sete homens sobreviveram. Alexandre não escolheu a marcha apesar dessas histórias de desastre, mas por causa delas. Se não conseguira superar os deuses atravessando a Índia, poderia superar os grandes soberanos do passado numa rota pelo oeste.

Como sempre, ele traçou seus planos cuidadosamente. Nearco comandaria a frota, com instruções para efetuar um detalhado levantamento das terras litorâneas pelas quais passassem. Alexandre queria mapas de todos os portos existentes e possíveis e de todas as cidades; queria saber sobre a agricultura na região; desejava esse conhecimento tanto pelo prazer de saber quanto para ajudá-lo a remodelar o mundo. Um comércio gota a gota entre o sudoeste da Ásia e os países mediterrâneos existia havia séculos, mas o trabalho que Alexandre promovia agora iria criar, em tempos posteriores, um fluxo constante, apesar das dificuldades e dos perigos da viagem marítima, que transformaria o mundo antigo.

Nossas fontes divergem enormemente quanto ao tamanho do exército que marchou com Alexandre ao longo da costa. Uma estimativa conta 30 mil soldados, seguidos por inúmeros negociantes independentes, mulheres e crianças (os seguidores do acampamento). Contanto que o exército permanecesse próximo da costa, a nova região fornecia alimento e água suficientes. Os cientistas pesquisadores que muito tempo antes Alexandre encarregara de acompanhá-lo mantinham-se ocupados coletando espécimes de plantas e animais que nunca tinham visto, e os membros da expedição mais interessados em comércio reuniam quantidades de valiosa mirra e outros produtos botânicos raros.

O exército enfrentou resistência armada ao longo de toda a sua rota. A maior ameaça veio dos oreitas, mas a força destes residia em grande parte numa teia de alianças que caiu por terra em face do exército macedônio. Prudentemente, eles se renderam. Segundo seu procedimento habitual, Alexandre aceitou estabelecer uma aliança com os suplicantes. Ordenou que sua maior aldeia fosse expandida numa cidade, para tirar proveito do que via como sua localização favorável ao crescimento. Nomeou um sátrapa para governar a região, com ordens de angariar provisões para a frota, e em seguida deslocou-se para oeste, entrando no ainda mais agreste deserto de Gedrósia.

§ 3.

Ali as condições mudaram drasticamente para pior, pois uma cordilheira obrigou o exército a se afastar do litoral. Alimento e água tornaram-se mais escassos. O pouco que os patrulheiros encontravam tinha de abastecer tanto o exército quanto a frota, e a distância entre os dois tornou-se cada vez maior. O exército sofria sob o calor, que chegava a 48°C. Os homens marchavam à noite e descansavam ao calor abrasador do dia, mas ainda tinham de sair em busca de água sob o sol implacável. Matavam seus animais de carga para comer a carne. A areia funda agarrava-se às rodas das carroças, e os doentes e feridos tinham de ser deixados para trás, um horrível choque para eles e para os camaradas obrigados a abandoná-los. A desidratação esgota tanto o corpo quanto a mente, e os homens e animais de Alexandre ficaram enlouquecidos, com sede e sofrimento. Em seguida as forças da natureza zombaram dos melhores planos de Alexandre com uma vingança terrivelmente irônica. Uma súbita e torrencial chuva nos morros acima do acampamento do exército enviou um tsunami de água ravina abaixo, alcançando os homens, que de nada suspeitavam. Soldados que tinham ido dormir abrasados de sede acordaram vendo-se afogados numa torrente enlameada. Homens morreram às centenas, e a expedição perdeu armas e equipamentos insubstituíveis. Os seguidores do acampamento, que haviam pernoitado num rego, foram arrastados para longe numa massa contorcida de cadáveres.

Alexandre suportou isso, e tudo o mais que seu exército sofreu. Em batalha, ele sempre comandou a partir da linha de frente, dando o exemplo ao se colocar ele próprio diante dos mais graves perigos, desafiando ferimentos e a morte para incutir coragem em seus homens. Fazia o mesmo agora, com um gesto que se tornaria famoso. Quando um patrulheiro lhe levou um capacete cheio d'água, ele o pegou diante dos olhos de seu exército e o entornou na areia sem tomar um só gole. O inimigo era a sede, tão lancinante quanto uma lança persa; o patrulheiro havia trazido conforto e cura para as mãos do rei. Quando ele a jogou fora, a mensagem foi clara:

era capaz de derrotar esse inimigo. Tal como Arriano conta a história, foi como se Alexandre tivesse dado de beber a todos os seus soldados.

§ 4.

Depois que o exército encontrou uma rota mais próxima da costa, Alexandre passou a comandar pessoalmente sondagens em busca de fontes de água. Após dois meses, no outono de 325, os sobreviventes emergiram da fronteira oeste do deserto de Gedrósia, entrando em terras férteis que podiam sustentar a vida. A marcha havia custado muito caro em homens e tesouros. Nem mesmo a forte liderança e o planejamento avançado de Alexandre haviam evitado as tragédias da marcha, a mais horrível das quais fora ter de deixar camaradas para morrerem sozinhos. Alexandre estava consternado. Ele voltou sua raiva contra os sátrapas da região, condenando-os por não lhe terem enviado as provisões que ordenara. Plutarco conta que Alexandre executou um deles com as próprias mãos, cravando a lança no subordinado incompetente.

 A marcha através do deserto de Gedrósia foi um desastre – não há outra maneira de vê-la –, e por muito tempo estudiosos debateram como ela deveria ser compreendida. A visão mais crítica sustenta que Alexandre, furioso com a recusa de seu exército a avançar para o leste através da Índia, iniciou uma viagem árdua para punir seus homens. Isso não faz muito sentido. Ele levou apenas parte do exército consigo ao longo do litoral, e não há nenhuma evidência de que tenha escolhido esses soldados por sua deslealdade; ao contrário, o fato de terem se mantido unidos nessas circunstâncias sugere que eram dedicados a seu comandante, por mais arriscados que fossem os planos dele. Tampouco é convincente a opinião de que Alexandre culpou os sátrapas para se eximir e lançar a responsabilidade sobre os ombros deles. Era improvável que esse exército, tendo marchado e lutado junto por tanto tempo, se enganasse ou se confundisse em algum momento em relação a quem era responsável pelo quê; esses soldados sabiam que sucessos e fracassos pertenciam a seu rei, a seus oficiais e administradores imperiais e a si mesmos.

Parece mais plausível compreender essa provação infernal como mais uma competição que Alexandre teria identificado e abraçado livremente, impelido pelo incessante desejo de sempre "ir além". Nessa agonia, como em toda competição da vida adulta de Alexandre, os adversários e o público não consistiam em seus oficiais ou seu exército. Ele competia com reis, com heróis antigos, consigo mesmo e, cada vez mais, com deuses. Tinha ido mais longe que Dioniso e Héracles (embora não tão longe quanto desejava), e agora, na volta para casa, tentava "ir além" de Semíramis, do grande Ciro, das areias mortíferas de Gedrósia e das forças divinas da natureza, desbravando à força uma rota viável através da estéril paisagem do deserto, e, com isso, abrindo caminho para o comércio – e para sua própria visão de civilização através do espaço. O valor do prêmio foi definido por seu custo. Alexandre emergiu com mais do que um punhado de homens, e por isso pôde proclamar vitória. O preço foi extremamente alto – o rei podia se ver como sobre-humano, mas não podia, em última análise, controlar a natureza a cada passo, sendo esses poderes o apanágio de apenas um pequeno número selecionado de deuses. Não houve nenhum ocultamento do preço, e somente Alexandre podia saber se a vitória da sobrevivência e da resistência valeu o custo.

§ 5.

Fazia um longo tempo que Alexandre estava ausente das terras ocidentais de seu império, tendo deixado seu sistema descentralizado nas mãos de governadores regionais quase autônomos e imensamente poderosos. Cada um deles fora escolhido pela lealdade – a virtude que ele prezava acima de todas as outras –, mas esses homens extremamente humanos eram suscetíveis à tentação e à corrupção pelo poder inimaginável e as riquezas que seus cargos conferiam. Com seu rei – e a necessidade de lhe prestar contas – a grande distância, muitos governadores e sátrapas sucumbiram a seus piores impulsos. Ao chegar à Carmânia (no sudeste do Irã), Alexandre convocou aqueles funcionários que haviam sido acusados pelos habitantes locais de vários crimes: infligir punições arbitrárias, roubar templos e contratar mercenários para servir como executores de seus delitos. Esses sabujos desleais eram macedônios e gregos; a maior parte dos sátrapas persas permanecera fiel ao soberano (embora os que não o haviam feito tenham também sido levados à justiça). Alexandre executou os criminosos juntamente com centenas de seus seguidores. A severidade da punição correspondeu à gravidade dos crimes. Habitantes maltratados podiam se tornar agentes de rebelião violenta, como aquela que Alexandre acabara de reprimir na satrapia de Drangiana. Santuários saqueados eram sítios de sacrilégios que atrairiam inevitavelmente a cólera dos deuses. Exércitos mercenários eram ameaças diretas ao poder e à autoridade do rei. Mesmo nesse império tão vasto, só podia haver um único exército respondendo a um único homem. Arriano relata que Alexandre não fez nada mais eficaz para preservar a lealdade entre os súditos de seu império que dar essa clara demonstração de que funcionários transgressores enfrentariam a justiça, fosse qual fosse seu cargo ou nacionalidade.

Nesse momento Crátero chegou com a força que havia comandado desde a Índia, e Alexandre, em sua satisfação, proporcionou a seus resignados soldados uma semana de folga cheia de competições atléticas e musicais, sacrifícios e festas regadas a álcool. Algumas fontes descrevem as celebrações como verdadeiras bacanais, com convivas bêbados dignos do próprio deus do vinho e do prazer. Mas no início de 324, quando se deslocou a oeste para Persis, satrapia situada no centro do império, Alexandre recebeu más notícias que o atordoaram: seu tesoureiro Hárpalo, amigo de infância e extravagante perdulário a quem ele já perdoara por apropriação indébita de recursos, havia fugido para a Babilônia com 5 mil talentos do dinheiro do rei e 6 mil mercenários, deixando para trás um templo que havia construído, com enorme custo para o tesouro público de Alexandre, para celebrar suas belas e sexualmente sedutoras companheiras. Essa traição desconcertou o rei.

A montanha-russa emocional continuou. Chegaram notícias de que a frota por fim conseguira completar a viagem, e Alexandre correu ao encontro de Nearco, que partira a toda pressa para o interior com seus subordinados mais próximos. O rei mal foi capaz de reconhecer seu almirante, desfigurado pela viagem traiçoeira, e quando viu o pequeno grupo que acompanhava esse aparente mendigo caiu em pranto, pensando que aqueles poucos homens eram todos os que haviam sobrevivido. Nearco logo tratou de tranquilizá-lo, explicando que quase todos os navios e homens haviam retornado em segurança, e Alexandre exultou. Nearco tinha uma espantosa história para contar sobre as aventuras da frota: no litoral, eles haviam encontrado os "comedores de peixe", uma tribo da Idade da Pedra que comia peixe cru e vivia em choças feitas com os ossos de criaturas marinhas gigantescas; no mar, tinham visto um cardume de baleias, cujo esguicho de água havia aterrorizado os marinheiros, que pensaram ter topado com um bando de monstros marinhos. O livro com o vívido relato que Nearco fez dessa viagem, digno de Odisseu, tornou-se um "campeão de vendas".

§ 6.

Em fevereiro de 324, Alexandre estava de volta a Susa, uma das capitais persas. Quando ouviu falar que a tumba de Ciro, o primeiro rei persa, em Pasárgada, havia sido saqueada e o corpo tratado de maneira desrespeitosa, ele ordenou que o restaurassem à sua glória. Deu recompensas àqueles de seus homens que se haviam distinguido na campanha oriental e coroas de ouro (símbolos tradicionais de notável excelência pessoal) a comandantes selecionados, entre os quais seu amigo mais chegado, Heféstio, seu comandante naval Nearco e Peucestas, um dos homens que arriscaram a vida para salvar a de Alexandre quando este pulara da muralha no meio dos malianos na Índia. O rei também promoveu um espetacular festival que reforçava a mensagem de sua punição de sátrapas corruptos e expressava enfaticamente seu compromisso com um novo tipo de ser (uma mistura de humano e divino) para estabelecer um novo tipo de império – um governo em que a hierarquia superior do poder era definida por uma cultura "mista". Durante cinco dias, artistas gregos e indianos encenaram espetáculos.

O auge da celebração teve lugar na maior tenda do mundo, uma estrutura gigantesca de oitocentos metros de circunferência, com paredes que ostentavam luxuosos tapetes, e suportada por colunas de mais de nove metros de altura, rebrilhando com ouro e pedrarias. Nesse cenário erguido no estilo opulento do grande rei persa, Alexandre tomou a frente de noventa proeminentes macedônios e gregos, seus companheiros, que se casaram todos com mulheres persas segundo os protocolos dos casamentos persas. Alexandre e Heféstio desposaram filhas de Dario para ligar suas linhagens à casa real persa. (Alexandre também continuou casado com Roxane, na tradição polígama dos reis macedônios.) O rei presenteou as noivas com ricos dotes. Esses casamentos realizados em Susa, todos arranjados por ele, enviavam uma mensagem inequívoca: dali em diante, no mundo de Alexandre, o poder pertenceria aos que endossassem a "mistura" de culturas bárbaras e não bárbaras (isto é, grega e macedônia). O mestre de Aristóteles, Platão, havia escrito um diálogo em que Sócrates repetia um discurso que dizia ter ouvido de uma famosa mulher grega, cujas palavras igualavam o orgulho, o patriotismo e a pureza gregos ao ódio aos bárbaros, e condenava explicitamente a "mistura" das duas "raças". Agora Alexandre rejeitava essa visão da maneira mais pública possível, assim como havia ignorado o conselho de Aristóteles de tratar os bárbaros como escravos e animais. Estava mais do que disposto a dominar os bárbaros – e todos os outros –, mas a experiência lhe ensinara que, assim como o conhecimento podia ser encontrado em toda parte, também havia indivíduos de excelência superior em todos os povos. Pretendia fazer uso deles para promover seus planos, contanto que mantivessem sua lealdade e defendessem sua política de "mistura".

§ 7.

Um desses defensores era Peucestas. Como Alexandre, ele começara a usar roupas persas e era o único dos comandantes do exército que aprendera a falar persa. Alexandre nomeou-o sátrapa de Persis, a região de maior importância simbólica do novo império. Para mostrar que sua política podia proporcionar benefícios a todos, não apenas à elite, ofertou presentes de núpcias a cerca de 10 mil de seus soldados que haviam tomado esposas da população local ao longo do caminho. As mudanças que promoveu também alteraram diretamente a base de seu poder: a natureza de seu exército. Na primavera de 324, ele introduziu nas forças aqueles que intitulara Sucessores, os 30 mil jovens persas que treinara sob seu comando para falar grego e lutar como guerreiros macedônios. Eles foram levados ao campo de manobras para demonstrar suas habilidades militares. Esse espetáculo, acrescentando-se ao título de Sucessores, levou os veteranos macedônios a temerem que o rei pretendesse substituí-los. Alexandre também reorganizou a cavalaria dos companheiros para incluir mais cavaleiros bárbaros, inserindo os melhores deles na unidade de elite que servia como sua guarda montada. Ele compreendia que essas mudanças irritariam muitos de seus homens, e fez um gesto grandioso para lembrá-los de que continuava a fazer o que pensava ser o melhor para eles: anunciou que saldaria todas as dívidas, por maiores que fossem, em que todos tivessem incorrido durante a expedição para o leste. Como muitos soldados haviam de fato gastado tudo que tinham ganhado e tomado emprestado muito mais, essa foi uma oferta espetacular. A princípio quase ninguém admitiu ter alguma dívida, temendo que o rei os estivesse enganando para que reconhecessem o mau comportamento, pelo qual ele os puniria. Diante disso Alexandre os censurou, com a oportuna observação de que um rei deve falar a verdade – sem dúvida uma convicção resultante de suas longas reflexões sobre o que significava ser um soberano que governa com excelência –, e saldou tudo que reivindicaram sem pedir nenhuma prova da quantia devida.

§ 8.

Em seguida, em meados de 324, Alexandre voltou sua atenção para as cidades-Estado gregas. Fazia agora dez anos que estas não tinham contato pessoal com o rei, e as ordens que dele recebiam lhes mostravam que muito havia mudado no modo como o "líder por consenso" da aliança "dos gregos" via a si mesmo e a elas. Primeiro, ele enviou uma proclamação que foi lida publicamente para os gregos reunidos para os Jogos Olímpicos no Peloponeso. Determinava ali que os gregos deveriam acolher de volta em suas cidades todos os homens a quem haviam anteriormente obrigado a se exilar, exceto os condenados por assassinato ou sacrilégio. Esses exilados estavam agrupados em vários lugares dispersos pela Europa e a Ásia, bandos de homens sem-teto, raivosos e armados, legalmente excluídos de suas cidades natais. Suas fileiras estavam agora inchadas de ex-mercenários que haviam perdido o emprego quando Alexandre restabelecera a ordem em seu império asiático. Alguns desses homens eram desertores do exército persa ou macedônio, ou de assentamentos mistos que o rei fundara através da rota de suas conquistas. Todos eles representavam uma ameaça à ordem pública, criminosos ou piratas potenciais, ou, pior, o núcleo de um exército mercenário improvisado que uma coalizão rebelde de cidades poderia contratar para resistir ao domínio de Alexandre. Uma ordem de que os gregos aceitassem o retorno dos exilados e lhes devolvessem seus bens dispersaria essa ameaça, mas não sem causar outros problemas. Como iria cada cidade devolver propriedades confiscadas que tinham ido para outros donos? E quanto aos sentimentos de vingança pelos crimes que haviam levado a uma sentença de exílio? O Decreto dos Exilados de Alexandre também violava a letra do acordo que seu pai, Filipe II, fizera originalmente com os gregos reunidos em Corinto: a aliança "dos gregos" e seu *hegemon* não se imiscuiriam nos assuntos internos das várias cidades-membro. Apesar disso, Alexandre anunciou que iria impor essa ordem.

§ 9.

A notícia oficial seguinte que os gregos tiveram de Alexandre foi uma solicitação, não uma exigência; contudo, parecia ainda mais chocante para a maior parte deles. Ele escreveu para os

Estados gregos pedindo que cada um deles lhe concedesse as honras devidas a uma divindade. Não se tratava de uma ordem para declará-lo um deus, não exatamente. Mas nenhuma distinção sutil fazia qualquer diferença para os opositores mais destacados de Alexandre entre os gregos. Em Atenas, Demóstenes escarneceu: "Alexandre pode ser o filho de Zeus, e de Posêidon também, se é isso que ele quer." Em Esparta, Damis comentou com desdém: "Como Alexandre deseja ser um deus, muito bem, deixemo-lo ser um deus." As respostas oficiais foram muito menos condescendentes. Oficialmente, os gregos levaram o pedido a sério. A assembleia democrática que governava Atenas debateu uma moção para se erguer uma estátua do "Rei Alexandre, deus invencível", título que revela o reconhecimento oficial que os atenienses acreditavam deles se esperar. Atenas e outras cidades-Estado gregas enviaram representantes a Alexandre, instruídos a saudá-lo como convinha a enviados numa missão sagrada. (A delegação o alcançou na Babilônia na primavera de 323.) Tradicionalmente, os gregos louvavam indivíduos extraordinários chamando-os de "divinos", e Filipe tivera evidentemente sua própria estátua introduzida no estádio junto com as dos deuses olímpicos no dia em que fora assassinado. Mas o culto de Alexandre era algo novo. Dioniso, que nascera humano e depois renascera divino, e Héracles, divinizado após a morte, eram seres humanos que haviam se tornado deuses, mas Alexandre era um deus que caminhava entre seres humanos, ao mesmo tempo que continuava também sendo um ser humano. Este é o sentido de um famoso incidente usualmente interpretado como significando que Alexandre, contra todas as evidências em contrário, negava sua própria divindade. Certa feita, quando um dos estudiosos no entourage de Alexandre viu o sangue do rei jorrar de um ferimento de guerra, comentou, citando a *Ilíada*: "Isso é icor, como o que flui das veias dos deuses!" Alexandre retrucou: "Não, isso é sangue."

Em outras palavras, Alexandre não era um deus como aqueles descritos por Homero e Hesíodo, divindades que haviam herdado sua natureza divina sem precisar merecê-la por meio de luta, trabalho e sofrimento sem limites, esforçando-se, conquistando e sofrendo na Terra, entre seres humanos, como um ser humano. Alexandre era um homem que se tornara deus ao ir além de todos os seus predecessores com suas façanhas, provando sua maior excelência. Era, em última análise, um ser misto, com uma natureza mista, como Aristóteles ensinara. O mestre de Alexandre havia explicado em sua análise do processo de mudança que quando coisas diferentes eram tornadas mais iguais em seus poderes e misturadas, uma coisa não se transformava na outra, perdendo com isso sua identidade; em vez disso, a nova realidade era "intermediária" e "compartilhada". Uma "natureza melhor" emergia. Essa definição filosófica de "mistura" descreve mais que qualquer outra a motivação teórica da conduta de Alexandre e sua visão de si mesmo. Como Plutarco concluiu, de toda a bagagem intelectual de Alexandre, o elemento mais importante para sua expedição foi sua formação em raciocínio filosófico. Ele acreditava ser, mais que qualquer outro homem na história, a prova da verdade da análise de Aristóteles.

Na visão do próprio Alexandre, seu status superava tão enormemente o de qualquer outro ser humano, passado ou presente, que só novas e singulares condições podiam refletir a nova e única realidade que estava criando. Isso não implica, como foi por vezes sugerido em estudos modernos, que Alexandre pretendia, enganosa ou genuinamente, usar uma reivindicação à divindade como uma espécie de justificação legal estrita para sua nova relação com os gregos (ou com quem quer que fosse). Sua justificativa, se é que este é o conceito certo, originava-se no que havia aprendido sobre si mesmo e seu mundo, por meio de sua profunda imersão em modos de pensar que remontavam à *Ilíada* de Homero e das proezas sem precedentes de sua carreira ao longo dos anos. Ele, e o que ele havia feito, aparecia como a culminação singular da excelência que, em sua experiência e imaginação, definia todas as coisas de valor. Agora cabia aos outros chegarem ao mesmo entendimento e, com o tempo, adaptar seu comportamento em relação a ele em conformidade com isso.

§ 10.

Alexandre não tinha nenhuma intenção de repousar sobre seus louros, esperando que o mundo alcançasse sua própria visão da realidade. Outro *pothos* apoderou-se dele. Iria explorar o golfo Pérsico. Seu trabalho na rota marítima leste-oeste continuava; mandou construir mais uma Alexandria na costa, como centro comercial. Melhorou a viagem fluvial pelo Tigre, removendo barreiras obsoletas à navegação, e explorou a região como preparativo para uma nova campanha militar até a Arábia. Quando chegou à cidade de Ópis, junto ao Tigre, fez mais um anúncio: estava enviando para casa todos os soldados cuja idade ou ferimentos os tornavam inaptos para o serviço árduo. Cada homem receberia um generoso bônus, assegurando-lhe uma aposentadoria confortável. O exército ficou furioso:

"Despede todos nós!", gritaram os homens. "Podes continuar lutando com a ajuda de teu 'pai'!" Ali onde Alexandre tinha em mente um generoso repouso após longo serviço, seus homens viram o fim do exército macedônio que havia lutado tão duramente por tanto tempo. Agora, pensavam eles, um número ainda maior de "Sucessores persas" iria servir ao rei, compartilhar vitórias e recolher recompensas. Esses macedônios eram homens de Alexandre e, como o seu rei, capazes de suportar labuta, dor, ferimento e morte com férrea determinação, mas a qualquer insinuação de confiança traída perdiam as estribeiras. Sua cólera insurgente provinha da ansiedade, mas a zombaria da crença de Alexandre em seu pai divino provou-se um terrível erro de avaliação. O rei, imediatamente tomado por um acesso de raiva, saltou do estrado em que discursava e ordenou que os principais queixosos fossem presos e executados como traidores. Lançou-se então num amargo discurso, repreendendo seus soldados como vergonhosamente ingratos. Não havia ele, e seu pai antes dele, feito tudo para tornar sua pátria poderosa, suas vidas bem-sucedidas, suas famílias ricas, seus nomes imortais? Terminou com uma cáustica censura: "Sendo assim, ide para casa; dizei a todos ali que abandonastes vosso rei no meio de bárbaros. Esse relato certamente vos valerá louvores da parte dos homens e recompensa da parte dos deuses. Ide!" Em seguida ele se trancou em seus aposentos, não comendo nada e não recebendo ninguém. Os soldados continuaram se recusando a voltar atrás, até que ele anunciou que persas passariam agora a compor suas unidades de elite como seus companheiros, e que apenas esses "membros de sua família" teriam permissão para beijá-lo (como símbolo do laço mais estreito possível entre governante e governado).

Isso demoveu os soldados. Eles cercaram os aposentos do rei até que este emergiu para perdoá-los, dizendo: "Farei de todos vós membros de minha família." Para selar a reconciliação, Alexandre ofereceu em seguida um banquete para 9 mil convidados. Sentou os macedônios mais importantes perto de si, depois os persas mais importantes, e por fim os líderes dos "outros povos". O clímax da celebração foi uma libação e uma prece de Alexandre para que houvesse "harmonia e compartilhamento no governo entre macedônios e persas". Posteriormente, ele cumpriu seu plano original e enviou os veteranos para a Macedônia, cada qual com um polpudo pagamento. Aconselhou-os a deixar consigo os filhos que tivessem tido com mulheres persas, para evitar problemas com suas famílias em casa, prometendo criar a prole etnicamente mista deles e providenciar reencontros quando as crianças tivessem crescido. Para conduzir os veteranos demitidos para casa designou Crátero, ordenando-lhe substituir Antípatro como seu agente na supervisão da Grécia. A motivação de Alexandre para ordenar uma mudança tão significativa de comando não é clara. Alguns estudiosos especulam que a essa altura ele havia se tornado quase patologicamente desconfiado e queria afastar Antípatro, para que este não ameaçasse sua proeminência, assumindo ele próprio o domínio da Macedônia e da Grécia; a mãe de Alexandre, Olímpia, escrevera-lhe cartas que acusavam Antípatro exatamente dessa traição. O que quer que estivesse acontecendo nos bastidores, Antípatro não deu nenhum sinal de animosidade em relação a Alexandre, tendo chegado a enviar seu filho Cassandro para visitar a corte de Alexandre na Ásia em 323. Como Crátero nunca chegou a transmitir sua mensagem para Antípatro, não podemos saber se o velho general na Grécia teria abandonado a posição que ocupara por tanto tempo na Europa e feito a viagem ao encontro de Alexandre na Ásia.

§ 11.

Alexandre, que estava agora na Babilônia, planejando a expedição arábica, foi atingido pelo pior golpe de sua vida: Heféstio, seu maior amigo desde a infância, morreu após uma doença febril agravada por desidratação por tomar vinho. O mais famoso médico do passado, Hipócrates, havia recomendado vinho como tratamento para a febre, mas algumas fontes dizem que Heféstio levou esse tratamento ao extremo, consumindo uma quantidade excessiva de álcool. Quando a notícia lhe chegou, Alexandre ficou prostrado de pesar. Ele havia recentemente feito Heféstio seu subcomandante do império e sentia profunda necessidade do apoio emocional e político de seu companheiro. A devastação de Alexandre em face da morte de Heféstio refletia essa necessidade, mas também o estresse acumulado dos dois últimos anos, a começar pela recusa do exército a ir além do rio Hifase e seu ferimento quase fatal na Índia, até as perdas dilacerantes sofridas na marcha através do deserto de Gedrósia, a deslealdade dos sátrapas e do exército em Ópis. Em sua dor, ele ordenou a morte do médico de Heféstio, uma penalidade por imperícia, e mandou que fosse estabelecido um culto a seu amigo morto; enviou uma embaixada ao oráculo de Amon no Egito para perguntar se esse culto deveria ser o de um herói ou de deus. Contratou o arquiteto que havia planejado a Alexandria original para projetar uma enorme tumba de mais de 180 metros de comprimento de lado e sessenta metros de altura, com um custo de mais de 10 mil talentos, o que era aproximadamente cinco vezes o que os atenienses haviam gastado um século antes com as espetaculares construções, inclusive o Partenon, que fizeram sua Acrópole tão famosa.

§ 12.

Para Alexandre, somente a ação podia apaziguar a dor e apagar as lembranças, e no inverno de 324-323 ele comandou a força contra uma tribo das montanhas que havia desafiado perpetuamente o rei da Pérsia, chegando até a exigir pagamento de tributos pela passagem por seu território. Ignorando as agruras do tempo frio e das altitudes elevadas, Alexandre impôs-lhes a submissão após uma campanha de apenas quarenta dias. Ele voltou à Babilônia e manteve um agitado programa de planejamentos e preparativos. Ordenou aos estaleiros que assentassem quilhas para uma frota ainda maior a fim de apoiar sua missão arábica, e despachou exploradores para mapear a linha da costa e preparar relatórios sobre plantas e animais. Enviou expedições topográficas por mar para medir a largura da península arábica; esse intimidante corpo de terra deveria ser o trecho decisivo de uma rota conectando a Índia ao Egito. Além desses planos imediatos e ambiciosos, ele tinha os olhos voltados para o norte e o oeste. Encomendou outros navios para a exploração do vasto mar Cáspio ao norte. Quando chegaram embaixadores de terras orientais – Cartago e África do Norte, Europa ocidental e talvez até Roma –, ele os recebeu bem e aceitou suas propostas para novas relações políticas. Alexandre planejava um dia levar seu exército ao extremo oeste, seguindo as pegadas de Héracles, de modo a encontrar a maneira de "ir além" daquele homem transformado em deus.

Aliados ocidentais e as informações que pudessem fornecer sobre rotas, desafios e em particular a cidade de Roma, crescente potência na Itália, convinham à visão de longuíssimo alcance que Alexandre tinha do futuro. Tendo lido em Heródoto que a rainha Semíramis melhorara os canais do rio Eufrates, ele incumbiu seus engenheiros de aperfeiçoar essas obras. Fez planos para outra cidade de Alexandria no Eufrates. Quando Peucestas, sátrapa de Persis, chegou à Babilônia com 20 mil soldados reunidos a partir dos povos locais do império, Alexandre integrou esses homens a seu exército reorganizando as falanges tradicionais. Agora sua unidade de luta da infantaria teria doze lanceiros persas em cada coluna de dezesseis homens, com três macedônios na cabeça da linha e um na retaguarda. Por meio dessa reforma, o paradigma da "mistura" se estenderia literalmente da corte real à linha de frente de batalha.

§ 13.

Os mensageiros retornaram do oráculo de Zeus Amon no Egito: o deus respondera que o culto de Heféstio deveria ser a homenagem a um herói. Agora Alexandre podia enterrar o amigo. Ele promoveu uma cerimônia fúnebre em que 10 mil animais foram sacrificados. Após essa oferenda aos deuses e a seu companheiro morto, muitos tiveram a impressão de que os deuses voltaram a falar com Alexandre, por duas vezes, com mensagens agourentas. Quando ele navegava no rio Eufrates, uma rajada de vento arrancou-lhe o diadema, a faixa de tecido que designava a realeza persa. Um marinheiro pulou na água para recuperá-la, e, na tentativa de mantê-la seca enquanto nadava de volta para o navio, o homem pôs a faixa em volta de sua cabeça. Alexandre o recompensou pelo serviço e em seguida o condenou à morte, porque os profetas babilônios viram o evento – o diadema na cabeça de outro – como um presságio que prometia um novo rei. Pouco depois, um homem, possivelmente demente – e a loucura era vista como enviada pelos deuses –, penetrou na câmara real, vestiu o manto real de Alexandre e sentou-se ao trono. A conselho de especialistas religiosos, esse homem também foi condenado à morte. Plutarco, que conhecia bem esses augúrios, a reverência aos deuses e a interpretação de sinais, diz que Alexandre reagiu de maneira exagerada, permitindo que a superstição e a paranoia suplantassem a justiça. Talvez o rei estivesse se deteriorando, mental e emocionalmente, ou talvez estivesse agindo de maneira coerente e condizente com o seu caráter, não se detendo em nada para se alinhar à boa vontade dos deuses na busca de excelência sobre-humana.

Nesse caso, os profetas babilônios e sua interpretação provaram-se corretos. No fim de maio de 323, quando estava pronto para partir rumo à Arábia numa nova busca em volta do mundo, Alexandre caiu doente, com febre. Como Heféstio, ele seguiu o conselho do grande Hipócrates e tratou sua febre com vinho. Tal como seu amigo, agiu com base no pressuposto de que, se um pouco era bom, mais era melhor, e muito mais era o ideal. Bebeu desmedidamente em dois festins seguidos e desabou na cama. Suas forças falharam. Em pânico, seus homens invadiram o quarto para vê-lo. Fraco demais para lhes falar, Alexandre conseguiu apenas erguer a cabeça e piscar para cumprimentá-los. Como os babilônios eram astrônomos meticulosos, e seus calendários, excelentes, sabemos que foi na noite de 10 de junho de 323 que Alexandre morreu.

§ 14.

Algumas fontes dizem que ele tinha sido envenenado por iniciativa de Antípatro, ou até por um complô armado por Aristóteles; outras o negam. A explicação mais simples é uma febre maligna, agravada pela exaustão e tornada fatal pela desidratação. Diodoro conta que no leito de morte Alexandre tirou seu anel de sinete, símbolo de sua função, e o entregou ao general Pérdicas. Quando seus amigos, reunidos com ele em seus últimos momentos, perguntaram-lhe a quem estava deixando o trono do império, ele respondeu: "Ao homem que for *kratistos* (o melhor e o mais poderoso)." Na literatura grega, Zeus era *kratistos* entre todos os deuses, e Aquiles era *kratistos* entre todos os guerreiros. O poder superlativo do *kratistos* era mais do que físico; era intelectual e retórico, como o de Temístocles, o comandante grego que levara a melhor sobre o rei Xerxes durante a invasão persa, quase dois séculos antes, e que Alexandre agora vingara. Como Alexandre aprendera com a leitura de Tucídides, esse termo expressava o supremo nível de excelência para os gregos. O historiador retratara Péricles, o mais famoso líder de Atenas na mais famosa das eras, na culminação do mais conhecido discurso que proferiu, dizendo aos atenienses que eles deveriam todos se esforçar para merecer esse status. O *kratistos* tinha de ser o guerreiro mais vigoroso, o pensador mais perspicaz, o melhor planejador e o orador mais persuasivo. A excelência que marcava um homem como *kratistos* pertencia, na mente e no coração de Alexandre, às melhores, mais fortes e mais poderosas naturezas que Aristóteles havia louvado. Era a natureza que emergia da mistura, e esse era o ideal de Alexandre.

10. Lembrando e julgando Alexandre
(323 a.C.-atualidade)

§ 1.

Ninguém correspondia ao ideal de Alexandre; nenhum de seus companheiros, como mostraram os acontecimentos, estava à altura de ser classificado como alguém dotado de *kratistos*. Quando morreu, Alexandre deixou instruções detalhadas de projetos grandiosos que unificariam e expandiriam seu império, um reino misto, governado por macedônios, gregos e homens capazes, de qualquer lugar, que fossem leais à sua visão. Os planos incluíam um milhar de navios de guerra, maiores do que todos que já se viram, para uma expedição naval ao norte da África, Sicília e Espanha; descreviam uma rota, equipada de portos e estaleiros, que se estendia do Egito aos Pilares de Héracles, onde o Mediterrâneo se encontrava com o Atlântico; seis grandes templos seriam erguidos na Grécia e na Macedônia; por fim – o apogeu de uma redefinição do poder no mundo por parte de uma cultura mista –, seus planos pediam novas cidades como lares para populações que seriam transferidas da Ásia para a Europa e da Europa para a Ásia. Como relata Diodoro, Alexandre pretendia, por meio de casamentos e propriedades rurais mistas, "estabelecer entre os maiores continentes uma parceria de harmonia e amor baseada em laços de família". Pérdicas apresentou todos esses planos ao exército reunido. Os soldados concordaram com sua avaliação de que eram difíceis e caros demais. Nem um só deles foi levado a cabo. Todos os generais proclamaram seu apoio à família de Alexandre, prometendo sustentar seu irmão deficiente, que compartilharia a realeza com a criança a quem a esposa grávida de Alexandre logo daria à luz, caso ela fosse do sexo masculino. Por trás dessas palavras vazias, todos estavam urdindo freneticamente seus próprios planos e promovendo seus próprios interesses limitados.

Tudo caiu aos pedaços. Praticamente todos os macedônios importantes divorciaram-se imediatamente das mulheres persas que tinham desposado em Susa. Com exceção de alguns soldados bárbaros que continuaram no exército – e passou a não haver mais um único exército, mas muitos deles, cada qual sob o comando de um general diferente e servindo a fins privados –, não se falou mais sobre "mistura". Dentro de um ano os fragmentos estilhaçados do exército de conquista de Alexandre transformaram-se em facções belicosas. O caos perdurou por dois anos. Nesse período todos os membros da família de Alexandre, inclusive sua mãe, foram mortos, e guerras cruentas fraturaram seu império em pedaços, de que seus ex-comandantes se apropriaram e governaram em proveito próprio. No fim do século IV, esses conquistadores se proclamaram reis. Os "sucessores", como foram chamados, fundaram dinastias que iriam dominar a história política e militar da Grécia, do Egito e do sudoeste da Ásia por mais de duzentos anos, até que os romanos conquistaram esses territórios nos séculos II e I a.C. Dessas dinastias, as de Ptolemeu no Egito e de Seleuco no Oriente Próximo foram as mais duradouras e as que detiveram maior poder, embora nenhuma das duas tenha tido jamais a ambição de rivalizar com a extensão das conquistas de Alexandre. Seleuco, de fato, negociou as satrapias da Índia e do Afeganistão com Chandragupta, o fundador do Império Máuria, recebendo em troca um casamento diplomático e quinhentos elefantes de guerra. Esses novos reinos eram helenísticos (de feições gregas), com gregos e macedônios no poder sobre habitantes locais, no governo e na sociedade; a última rainha da dinastia ptolemaica, Cleópatra VII (69-30 a.C.), foi a primeira de sua linhagem a aprender a falar egípcio (e outras línguas nativas de seus súditos).

§ 2.

Em suma, o novo mundo que Alexandre iniciara e imaginara expandir não sobreviveu à sua morte. A fama que ele perseguira tão apaixonadamente, contudo, continuou viva; de fato, continuou a crescer. Não se sabe quando ele foi chamado "o Grande" pela primeira vez, mas parece não ter sido durante sua vida. O mais antigo atestado desse epíteto aparece numa comédia romana de Plauto escrita no século II, mas estudiosos modernos sugeriram que Ptolemeu o chamou Alexandre "o Grande" ao furtar seu corpo e seu caixão quando estavam sendo transportados de volta para a Macedônia. Ptolemeu construiu uma tumba para o rei morto em Alexandria, no Egito, a capital do país que tomara para si. Possuir os restos mortais desse rei sobre-humano era para ele um símbolo da legitimidade que ambicionava para sua própria dinastia. Ptolemeu e seu filho seguiram também o exemplo de Alexandre ao afirmar o dever dos reis de buscar e promover o conhecimento. Em sua capital, Alexandria, ele construiu uma fundação de pesquisas financiada pelo Estado: o Museu, um instituto dedicado às Musas, deusas do conhecimento e da cultura. Foram contratados pesquisadores profissionais para residir ali, e custeou-se uma biblioteca cuja missão era adquirir um exemplar de todos os livros do mundo.

Os "textos" mais amplamente distribuídos e lidos do mundo eram as imagens e palavras estampadas nas moedas, e Ptolemeu tirou pleno proveito disso para anunciar sua conexão simbólica com o grande Alexandre. Ele cunhou moedas de diversos valores em que figuravam retratos de Alexandre, inclusive uma em que o conquistador usa um crânio de elefante na cabeça e tem os chifres característicos de Zeus Amon enroscando-se a partir de suas têmporas. Essas moedas transmitiam a mensagem de que o espírito sempre vitorioso e divino de Alexandre validava e protegia o domínio de Ptolemeu sobre o Egito. Outros soberanos helenísticos, e mais tarde muitas cidades gregas no Império Romano do Oriente, seguiram esse exemplo, gravando a figura de Alexandre em suas moedas e assim reivindicando um quinhão de sua lenda. Essa tradição prosseguiu por oitocentos anos.

§ 3.

Os romanos eram fascinados por Alexandre, alguns o viam como fonte de inspiração, outros, como exemplo a evitar. Um elemento básico da educação e da filosofia romanas era o debate sobre Alexandre – deviam os homens se esforçar para ser como ele ou rejeitar seu modelo? Júlio César, num episódio famoso, lamentou que suas próprias proezas nada fossem comparadas às de Alexandre na mesma idade. Outros romanos mostraram-se fortemente críticos. O filósofo Sêneca reconheceu que o "anseio" de Alexandre transcendia o mero desejo ou cobiça humana, mas expressou horror ante as mortes que causou. Para o poeta épico Lucano, Alexandre foi um tirano demente apaixonado pela matança, a quem um Destino vingador destruiu por seus crimes. Professores romanos incumbiam seus alunos avançados de fazer apresentações como "Teria Alexandre tomado esta ou aquela decisão? O que mais contribuiu para as vitórias de Alexandre, excelência ou sorte? Quais deveriam ser os limites da ambição?".

O exemplo de Alexandre continuou a inspirar os imperadores que reinaram durante séculos após a queda da República. Trajano (reinou de 98 a 117 d.C.) conduziu um exército romano até a Mesopotâmia, nas pegadas de Alexandre. Quando chegou ao litoral do golfo Pérsico, o imperador olhou melancolicamente para leste e comentou que desejaria ser jovem o bastante para imitar a expedição de Alexandre à Índia. Caracala (reinou de 209 a 217 d.C.) reverenciava tanto Alexandre que, quando gravou a própria imagem em suas moedas, ela empunhava um escudo em que se via uma figura de Alexandre. Na época Caracala guerreava no Oriente Próximo contra os partos, que faziam ressurgir o Império Persa; o imperador romano esperava que, ao homenagear seu ídolo, que nunca perdera contra exércitos persas, poderia angariar a ajuda de Alexandre. O imperador e escritor Juliano, o Apóstata (reinou de 361 a 363 d.C.), que também comandou uma expedição militar à Mesopotâmia, acreditava ser ele próprio Alexandre, um corpo vivo que hospedava a alma transmigrada do macedônio lendário. Não foram só os soberanos romanos que tomaram Alexandre como modelo: o sultão Alauddin Khilji (reinou de 1296 a 1316 d.C.), que criou um vasto império na Índia medieval, inscreveu suas moedas com o título de "O Segundo Alexandre". Para acrescentar legitimidade à sua dinastia, o primeiro soberano muçulmano de Málaca (Malaya), no oceano Índico, afirmou que Alexandre era seu ancestral.

O imperador Juliano havia descrito Alexandre, ao lado de imperadores romanos famosos, em seu diálogo ficcional *Os césares*. E foram obras de ficção como essa que mais contribuíram para difundir a reputação do rei macedônio através do mundo. Relatos popularizados de sua vida e seus feitos apareceram logo após sua morte, e desde então não cessaram de ser escritos e de encontrar público entusiástico. Durante séculos essas diversas narrativas basearam-se numa obra grega que hoje se intitula *O romance de Alexandre*. O *Romance* incluía fatos históricos genuínos, alguns dos quais não aparecem em nenhum outro relato, mas era em sua maior parte uma história profundamente imaginosa de aventura e maravilhas. Ela oferecia uma imagem de Alexandre como um homem de coragem e ambição competitiva pela excelência, e com um desejo de conhecimento, mas seu relato entretecia eventos reais com divertidas histórias fictícias que muitas vezes encerravam lições morais sobre como viver. No *Romance*, Alexandre explora as profundezas do oceano num sino de mergulho de cristal, voa pelos céus numa cesta carregada por águias, luta com monstros, consulta um oráculo na forma de uma árvore mágica, encontra a "água da vida", que confere imortalidade (mas se recusa a bebê-la), e é trazido de volta das ilhas dos Abençoados por duas aves com cabeça humana que falam grego. Embora misturando suas fabulações com material histórico, o *Romance* por vezes alterava os fatos; dizia que Alexandre era filho do faraó egípcio Nectanebo e que ele matara o rei Poro num combate corpo a corpo. A obra tornou-se incrivelmente popular, traduzida em mais de vinte idiomas. Era conhecida e apreciada em áreas de que Alexandre nunca chegou perto; inspirou, entre outros, os bardos da África ocidental a compor poemas épicos sobre o herói Sundiata.

§ 4.

O *Romance* foi traduzido em todas as principais línguas da Europa e do Oriente Médio. Durante o Império Romano, foi traduzido para o latim, a fim de que os europeus que não sabiam grego pudessem lê-lo – essa honra foi concedida a poucas obras de história grega, nem Heródoto nem Tucídides a receberam. Uma das primeiras traduções foi feita em siríaco, língua literária semítica difundida no Oriente Próximo na Antiguidade tardia; essa versão, por sua vez, inspirou histórias de Alexandre em árabe, persa e hebraico. Estudiosos islâmicos antigos identificavam Alexandre com a pessoa chamada "Aquele que Tem Dois Chifres" no Corão (século VII d.C.), que viaja até o fim do mundo no leste e no oeste e usa o poder que lhe foi dado por Deus para construir um muro de ferro para bloquear os malévolos Gogue e Magogue. Textos árabes medievais incluíam dizeres atribuídos a Alexandre como filósofo e uma troca de cartas entre ele e Aristóteles sobre os princípios para governar como rei. Um texto zoroástrico persa da Antiguidade tardia condenou-o como "Alexandre o Maldito", mas poetas persas medievais compuseram narrativas rebuscadas que o reabilitaram. Ferdusi (ou Ferdowsi, 940-1020 d.C.), autor do *Shahnamah*, o poema épico nacional do Irã, fez dele o filho de um rei persa e portanto legítimo herdeiro do trono da Pérsia. Nezami (1141-1209) retratou Alexandre como um grande general, cujas conquistas se estenderam até a Rússia e a China, e que se lançou na busca de conhecimento, tornando-se primeiro soberano ideal e depois profeta, viajando pelo mundo para pregar a religião monoteísta. Cristãos nestorianos, fugindo para o Oriente para escapar à perseguição religiosa movida por outros cristãos no Império Romano tardio, levaram consigo para a Ásia central histórias de Alexandre que mais tarde inspiraram uma versão mongol do *Romance*. Alexandre apareceu pela primeira vez na tradição judaica numa obra de Flávio Josefo, historiador do século I d.C., segundo o qual ele teria ido a Jerusalém e se encontrado com o sumo sacerdote no Templo. "Alexandre o Macedônio" apareceu mais tarde em histórias lendárias do Talmude e do Midrash; numa dessas histórias, Alexandre anuncia que sempre carregava a imagem do sumo sacerdote judeu consigo para a batalha, no intuito de assegurar a vitória.

§ 5.

Histórias em latim sobre o tempo que Alexandre passou na Índia tornaram-se particularmente populares na Europa. Eram cheias de descrições coloridas dos muitos deslumbramentos do Oriente, de maravilhas naturais, como um rio de mel, a criaturas fabulosas, como os Cabeças de Cão, que tinham corpos humanos vestidos com peles de animal, mas cabeças de cachorro, e eram incapazes de falar qualquer linguagem humana, só latir; ou o Odontotirano ("Tirano com dentes"), um enorme anfíbio com três chifres e uma boca grande o suficiente para engolir um elefante inteiro. Essas narrativas também se concentravam em Alexandre como alguém empenhado em buscar conhecimento nessa terra de sabedoria exótica (para os europeus), por meio de conversas com sábios brâmanes. As conversações moral e filosoficamente dirigidas dos indianos comparavam a maneira de pensar e viver incessantemente ativa de Alexandre com suas crenças e práticas contemplativas e ascéticas, inclusive o vegetarianismo.

A ideia de que sábios indianos converteram Alexandre num homem de sabedoria contribuiu para outra reinvenção, desta vez na literatura cristã. Ali, ele se tornou "o fiel Alexandre", um piedoso adorador de Deus e promotor da paz. Em algumas versões, é transformado até num santo cristão. Sua piedade, nesses tratamentos, originava-se do fato de ter sido o primeiro homem a conseguir chegar a uma terra divinamente protegida, vista como o Paraíso Terrestre, ou pelo menos como uma "cidade purgatória" para almas a caminho do céu. Não lhe foi permitido entrar, mas foi-lhe dada uma joia cintilante que era também um olho humano. Graças ao conselho de mestres religiosos ele veio a compreender que o olho o estava levando a abandonar seu anseio de façanhas cada vez mais audazes e o desejo nunca satisfeito de fama, e a escolher uma vida pacífica e tranquila, ajudando os outros.

O que essas fantasias fizeram foi tornar Alexandre uma figura lendária ainda mais popular na Europa. Romances franceses, alemães e ingleses da Idade Média contavam histórias a seu respeito como o cavaleiro medievo ideal, comportando-se com a máxima fidalguia, travando corajosas batalhas contra sarracenos (muçulmanos) e envolvendo-se em intrigas românticas com damas na corte. Em *Os contos da Cantuária*, de Geoffrey Chaucer, diz-se que toda criatura viva com algum grau de instrução ouvira alguma coisa ou tudo sobre a fortuna de Alexandre, o Grande. A ideia de que a fama de Alexandre podia fornecer legitimidade a qualquer pessoa ligada a ele, da qual Ptolemeu fora o primeiro a tentar tirar proveito, ainda não tinha morrido 1.700 anos depois: o romance medieval francês tardio, *Perceforest*, descreve Alexandre empurrado por uma tempestade no mar da Índia em direção à Britânia, onde estabeleceu um de seus generais como rei local e outro como rei da Escócia, o que fazia do conquistador o ancestral da antiga realeza dali, inclusive do rei Arthur.

§ 6.

Apesar disso, a antiga tradição de rejeitar Alexandre como modelo também persistiu no início dos tempos modernos. William Shakespeare, em seu drama trágico *Hamlet* (escrito por volta de 1600), faz o príncipe dinamarquês concluir que as proezas de Alexandre não o tornaram, afinal, nada além de matéria-prima para cimento: "Alexandre morreu; Alexandre foi enterrado; Alexandre voltou ao pó; o pó é terra; da terra nós fazemos massa. Por que essa massa em que ele se converteu não pode calafetar uma barrica?"* Um exemplo especialmente impressionante da difamação de Alexandre no pensamento

---

* Em tradução de Millôr Fernandes. (N.T.)

inglês aparece no romance de Henry Fielding ironicamente intitulado *The History of the Life of the Late Mr. Jonathan Wild the Great* (1743). O romancista zomba de escritores que, em sua mordaz opinião, equiparam falsamente grandeza a bondade; autores que escreveram sobre Alexandre são os principais culpados por essa distorção da verdade:

> Nas histórias de Alexandre e César somos com frequência, e mesmo impertinentemente, lembrados de sua benevolência e generosidade, de sua clemência e bondade. Onde o primeiro havia com fogo e espada invadido um vasto império, destruído a vida de um imenso número de miseráveis inocentes, espalhado ruína e desolação como um furacão, nos é contado, como exemplo de sua clemência, que ele não cortou o pescoço de uma velha e estuprou suas filhas, contentando-se em destruí-las.

Até os nossos dias líderes políticos, assim como muitos autores literários, vêm usando Alexandre como modelo moral, por vezes a rejeitar, por vezes a imitar, sempre como um exemplo a estudar em busca de lições de vida. Napoleão Bonaparte, imperador da França (1804-1815), lamentou que não pudesse conquistar uma parte tão grande do mundo quanto Alexandre, mas John Adams, segundo presidente dos Estados Unidos (1797-1801), na velhice, citou o exemplo de Alexandre para instruir oficiais em formação na Academia Militar dos Estados Unidos sobre a verdadeira natureza de sua missão:

> Batalhas, vitórias e conquistas, abstraídas de seu único fim justificável, que é justiça e paz, são a glória de fraude, violência e usurpação. Qual foi a glória de Alexandre e César? "O bruxuleio"

que aquelas "chamas lívidas", em Milton, "projetam, pálidas e medonhas", ou o "súbito resplendor" que "à distância iluminava o Inferno".

Em sua *Autobiography*, Thomas Jefferson, o terceiro presidente dos Estados Unidos (1801-1809), foi igualmente, ainda que de maneira mais concisa, crítico de Alexandre: "Há três épocas na história sinalizadas pela extinção da moralidade nacional. A primeira foi a dos sucessores de Alexandre, não omitindo ele mesmo. A seguinte, a dos sucessores do primeiro César, a terceira, a nossa própria era."

§ 7.

O líder do século XX que, dizem muitas vezes os comentadores modernos, não somente não seguiu a tradição de criticar o conquistador macedônio, mas de fato o admirava e pretendeu imitá-lo, foi Adolf Hitler, chanceler da Alemanha nazista (1933-1945). A afirmação, contudo, parece enganosa. Há uma única citação de Alexandre nos dois volumes de *Mein Kampf*, o manifesto de Hitler sobre suas ideias políticas. Essa referência passageira, num capítulo que discutia "Orientação oriental ou política oriental", rejeita implicitamente a expedição do macedônio no Oriente como nada mais que a proeza frívola de um aventureiro:

> Nosso dever, a missão do Movimento Nacional-Socialista, é levar nosso próprio povo àquela compreensão política que vê sua meta para o futuro como se cumprindo não na embriagante

sensação de um novo Alexandre, mas muito mais no trabalho assíduo do arado alemão para o qual a espada alemã precisa apenas fornecer o solo.

Quando tomou o poder, Hitler encontrou, penduradas em seus gabinetes, duas tapeçarias que representavam Alexandre; o ditador mandou substituí-las por outras que mostravam lendários heróis tribais alemães.
Quando Hitler estava iniciando a Segunda Guerra Mundial, Franklin D. Roosevelt, presidente dos Estados Unidos, citou Alexandre como exemplo negativo numa entrevista coletiva à imprensa, em abril de 1941, exortando o povo americano a rejeitar a ideia de que Hitler não podia ser detido:

> Li um editorial na segunda-feira, ou num dia desses, que dizia, na verdade: Ora, sempre fomos conquistadores durante toda a história do mundo, e Alexandre, o Grande, que tentou conquistar todo o mundo conhecido, não se contentando em ficar em casa – onde era isso, Macedônia? –, partiu e tentou conquistar muitos povos que nunca tinha visto antes, só para aumentar seu império. Não estava satisfeito com seu próprio povo, sua carne e sangue.
> ... Ora, voltando a essa pessoa mítica em nosso meio, que adota a opinião de que ditaduras vão vencer de qualquer maneira... Não penso nessas linhas, e nem vocês.

§ 8.

Líderes políticos mais recentes continuaram a fazer referências a Alexandre em seu repertório de exemplos históricos úteis, mas em geral com menos proveito. George H.W. Bush, quando presidente dos Estados Unidos (1989-1993), encorajou certa vez um grupo de jovens líderes à ação observando:

> Por vezes nós adultos nos esquecemos da capacidade que têm os jovens de mudar o mundo, mas vocês deveriam lembrar a todos nós que a juventude não é nenhuma barreira para grandes realizações. Sabendo que viria aqui, pedi alguns exemplos à história. ... Quando Alexandre, o Grande, tinha 32 anos, seu império estendia-se de Indiana [*Risos*] – ele incluía Indiana – da Índia ao Adriático.

A guerra no Afeganistão, movida pelos Estados Unidos e forças da Otan, estimulou especialmente os políticos a continuar citando Alexandre, pelo menos de passagem. Em 2009, por exemplo, Hillary Clinton comentou:

> Quando penso em minhas viagens ao Afeganistão, meu voo sobre aquele território, minha consciência da história retorna a Alexandre, o Grande, e certamente às forças armadas imperiais britânicas e aos memoráveis poemas de Rudyard Kipling sobre o Afeganistão, a União Soviética, que introduziu mais soldados do que estávamos pensando introduzir – quero dizer, é preciso ter uma grande dose de humildade sobre aquilo que estamos tentando levar a cabo.

Alexandre também continuou a aparecer como manchete nas controvérsias sobre o nacionalismo na península Balcânica. A República Helênica (a moderna nação da Grécia) e a República da Macedônia (que declarou sua independência da antiga Iugoslávia em 1991) disputam ferozmente qual das duas tem direito a reivindicar o nome territorial e étnico de "Macedônia". Ambas, como Ptolemeu mais de 2 mil anos atrás, também reivindicam uma estreita conexão com Alexandre como símbolo de sua legitimidade política. A inauguração, em 2011, em Escópia, a capital da República da Macedônia, de uma enorme estátua de bronze de Alexandre montando seu cavalo de guerra Bucéfalo elevou a tensão, embora o título oficial do monumento seja "Um guerreiro a cavalo". Numa pesquisa de opinião pública de 2010, os gregos apontaram Alexandre como "o maior grego de todos os tempos", e ele serve como ícone do orgulho helênico, no país e no exterior. Em 2010, na celebração do Dia da Independência Grega em Washington D.C., o presidente Barack Obama comentou:

> No ano passado, Sua Eminência [arcebispo da Igreja ortodoxa] tentou me comparar a Alexandre, o Grande. [*Risos*] Pensei que isso me valeria mais respeito da parte de Michelle e das meninas. [*Risos*] Mas não funcionou. [*Risos*] Em vez disso, elas me lembraram que a literatura grega está cheia de mulheres muito fortes. [*Risos*]

§ 9.

A reputação de Alexandre perdurou – e foi frequentemente reinterpretada – no entretenimento moderno. Em meados da década de 1990, o jornalista Michael Wood, da BBC, fez uma viagem de mais de 32 mil quilômetros através de vários países para retraçar a rota do rei macedônio, uma incrível jornada intensamente registrada em vídeo e livro, *In the Footsteps of Alexander the Great: A Journey from Greece to Asia*. Ele relata ter encontrado uma extraordinária diversidade de contadores de histórias orais que desfiavam relatos sobre Alexandre e as maravilhas que o macedônio experimentou em sua expedição para o Oriente tanto tempo antes. Da Grécia até o Paquistão, pessoas no final do século XX ainda se lembravam de Alexandre, por vezes até afirmando descender do herói legendário. Na música, Alexandre foi tema de composições, do clássico ao rock: o compositor Georg Friedrich Händel, do século XVIII, escreveu uma peça cujo tema foi a famigerada orgia de Alexandre em Persépolis, além de óperas sobre a relação de Alexandre com Poro e sua ideia de que era um deus. Em 1986 a banda britânica de heavy metal Iron Maiden divulgou uma canção de mais de oito minutos intitulada "Alexander the Great", cuja letra narrava a trajetória do rei, inclusive com datas, citava Plutarco e repetia o estribilho: "Alexandre, o Grande,/ Seu nome infundia medo no coração dos homens,/ Alexandre, o Grande,/ Tornou-se uma lenda entre os mortais."

A história de Alexandre também inspirou cineastas. Suas abordagens refletiram o objetivo comum de divertir o público, mas também seus diferentes intuitos de expressar mensagens relevantes para seu tempo e lugar. O filme indiano *Sikandar* (1941), por exemplo, retrata um Alexandre jovem que se assombra com a nobreza do rei Poro, apresentado como o corajoso defensor da liberdade e da dignidade indianas. Comentadores locais elogiaram o filme pelo desempenho dos atores, e ainda mais por afirmar o nacionalismo indiano, num momento do início da Segunda Guerra Mundial em que o controle colonial britânico da Índia era cada vez mais contestado; os britânicos proibiram a exibição de *Sikandar* em suas bases militares locais. O filme indiano *Sikander-e-Azam*, de 1965, concentrou-se ainda mais no uso da história de Poro e Alexandre para promover o fervor nacionalista. Meio século depois, numa parte diferente da Ásia, Alexandre foi objeto de um tratamento muito moderno: *Reign: The Conqueror* (1999) é um vídeo animado nipo-coreano em treze episódios dirigido por Yoshinori Kanemori com base no romance *Alexander Senki (Alexandre: O registro de suas batalhas)*, de Hiroshi Aramata. A série narra a vida de Alexandre como ficção científica, com personagens desenhados por Peter Chung no mesmo estilo mangá que ele usou em *Aeon Flux* (transmitido originalmente pela rede de televisão MTV nos anos 1990). O enredo combina história antiga com um futuro sobrenatural, em que Alexandre empreende a busca pessoal definida no tema da canção: "Busca um reino digno de tua alma." Como um *Romance de Alexandre* atualizado, a série mescla história com fantasia, transformando Bucéfalo, por exemplo, num animal selvagem que come homens vivos mas se afeiçoa ao "treinador de cavalos" Alexandre, e mostrando fantasmas de formas cambiantes devotados ao filósofo Pitágoras que perseguem Alexandre para destruí-lo.

Os filmes americanos sobre Alexandre pertencem aos dois períodos em que épicos "espada e sandália" eram apreciados pelos cineastas de Hollywood: meados do século XX e início do século XXI. *Alexandre, o Grande* (1955), dirigido por Robert Rossen, enfatiza o início da vida de Alexandre e seu conflito com o pai, embora não deixe claro se o jovem estava ou não por trás do assassinato de Filipe. Como a biografia de Plutarco, a trama se concentra nos episódios decisivos da vida de Alexandre, dando menos ênfase a cenas de batalha. Críticos elogiaram o filme por sua precisão histórica e pelas caracterizações complexas, mas acharam as falas prolixas. Em 1968, a proposta de uma série de TV sobre Alexandre estrelada por William Shatner, que tentava tirar partido da fama que o ator adquirira então recentemente com *Jornada nas estrelas*, malogrou por completo quando o episódio piloto mostrou-se não só extremamente impreciso do ponto de vista histórico como também enfadonho. *Alexandre* (2004), dirigido por Oliver Stone, provocou críticas enérgicas de público, críticos e estudiosos, bem como do próprio diretor, que relançou o filme em duas outras versões para tentar elucidar seus temas. A apresentação de Olímpia como estranhamente supersticiosa e Alexandre como hipersexualizado despertou forte oposição; alguns ficaram indignados em particular pelas sugestões que o filme fazia acerca da atividade homossexual de Alexandre.

Tanto o filme feito por Rossen em 1955 como a versão de Stone no século XXI retrataram Alexandre como o proponente da política internacional chamada "A unidade da humanidade". Essa ideia foi uma pedra de toque no acalorado debate entre estudiosos modernos acerca dos objetivos de Alexandre e os efeitos de suas ações sobre o mundo, tanto intencionais quanto não intencionais. Os vastos e internacionais estudos modernos sobre Alexandre ganharam força total dois séculos atrás. Desde então, e ainda hoje, o pêndulo da avaliação de Alexandre oscilou entre a admiração e a condenação, por vezes com uma urgência de julgar calibrada mais pelo que é visto como os padrões contemporâneos de certo e errado do que por uma consideração do contexto e das práticas do tempo do próprio Alexandre. Alguns, especialmente os que compararam Alexandre a Hitler, o condenaram como megalomaníaco, paranoico e assassino sanguinário; historiadores indianos foram desdenhosos, ignorando-o como um transtorno passageiro cujas conquistas foram "desprovidas de significado" na história de seu continente.

§ 10.

Um tema persistente nas avaliações negativas de Alexandre é a ideia de que ele se comportava irracionalmente, em especial nas ações visando realizar seu "anseio" por superar Héracles e Dioniso e alcançar uma nova espécie de divindade. Mas, como insiste o teórico econômico Ludwig von Mises, não faz nenhum sentido usar o termo irracional para a ação humana deliberada, isto é, a ação voltada para um fim. A ação empreendida na busca de uma meta tem propósito, seja ele a satisfação de necessidades materiais ou fins "mais elevados", como crença religiosa ou liberdade política. Uma ação desse tipo pode se basear num raciocínio falho ou numa informação errônea, mas não é preciso nem útil denominá-la "irracional". Se algo parece claro em relação a Alexandre é que ele refletia profundamente sobre suas ações, e sempre agia com um objetivo. Nesse sentido fundamental, sua categorização como alguém desprovido de racionalidade é ela própria uma censura intelectualmente vazia. Alexandre, como todos os demais seres humanos, fez escolhas a partir de uma mistura complexa de raciocínio e emoção. Ele era uma personalidade complexa, até contraditória, o que parece próprio da natureza humana.

Muitos historiadores modernos negam que as ações de Alexandre fossem baseadas em ideais. Isso parece uma deficiência de imaginação histórica. Alguns estudiosos lhe conferem o status de gênio militar e líder bem-sucedido, pragmático, com base nas fontes antigas, mas ignoram essas mesmas fontes quando elas o descrevem como alguém que tinha um fundamento visionário para suas ações. Ernst Badian, o historiador moderno que engendrou a avaliação de Alexandre como essencialmente um assassino irracional desprovido de ideais, visão que A.B. Bosworth defendeu ainda mais vigorosamente, comentou com desdém que qualquer outro julgamento é "ficção romântica", e que qualquer tentativa de interpretação global de seu caráter é "desprovida de valor". Essas conclusões parecem tão extremas, forçadas e inadequadas quanto a história de Alexandre escrita por William Woodthorpe Tarn. Seu livro meticulosamente detalhista, publicado nos anos promissores que se seguiram à Segunda Guerra Mundial, quando as Nações Unidas tinham acabado de surgir, atribuiu a Alexandre a criação de uma doutrina humanitária, "A unidade da humanidade", e negava que ele jamais tivesse feito alguma coisa indigna de um cavalheiro inglês vitoriano, salvo uma ou outra exceção.

§ 11.

Autores de uma biografia são obrigados a avaliar seu tema. Ao encerrar esta biografia, oferecemos uma breve tentativa de cumprir nosso dever. A competição definiu a vida de Alexandre. Ele dedicou suas três décadas, acima de tudo, ao desafio de ir além de todos os demais em excelência (*aretē*) e conquistar a suprema recompensa, um status sobre-humano que nenhum ser humano jamais alcançara. Alexandre ansiava por se tornar único tornando-se o melhor, e os conceitos religiosos de seu tempo o convenceram de que poderia conseguir essa fabulosa distinção, poderia ser não apenas, como o Aquiles da *Ilíada* de Homero, "o melhor dos gregos", mas o melhor de todos, sempre, em qualquer lugar, a qualquer momento. Os valores que ele viveu – desempenho, respeito, honra e lealdade – eram difíceis, com arestas afiadas que significavam consequências infelizes para os fracassos. Alexandre também reconhecia e recompensava a excelência nos outros, fossem eles macedônios, gregos ou bárbaros, e quis ir além do violento paroquialismo das atitudes macedônias tradicionais em relação aos outros, ampliando sua política de "mistura", desde o vestuário até os protocolos da corte, de unidades militares a populações inteiras. Com essa política, baseada em conhecimento e experiência, ele pretendia implantar sua visão de um império que superaria tudo que jamais fora visto antes, com a natureza nova e melhor que a "mistura" produzia. Fracassou, é claro. Morreu cedo demais para levar a cabo a missão que estabelecera para si mesmo. Talvez ela fosse impossível. Talvez a natureza humana e as condições do mundo o tivessem impedido de realizar sua visão, por mais longa que tivesse sido sua vida. Sem dúvida todas as tentativas semelhantes na história fracassaram igualmente, para o bem ou para o mal. Negar que Alexandre da Macedônia possuía esse ideal nos parece inimaginável, pois ele está presente e visível em todas as fontes antigas que relatam sua história.

O ideal de que falamos não era uma visão de "unidade'" ou, como Tarn também a chamou, de "fraternidade" entre povos baseada em igualdade universal ou sentimentalismo. Alexandre não acreditava em igualdade e não era sentimental. Seu ideal era implacavelmente competitivo, violento para com os desleais ou céticos, e supremamente orgulhoso. Apesar disso, havia nesse ideal uma noção de que os seres humanos estavam – ou pelo menos deveriam estar idealmente – unidos em algum sentido básico em sua humanidade e na possibilidade de alcançar excelência, mesmo que eles não fossem iguais, jamais pudessem e jamais devessem sê-lo. Essa ideia de unidade humana remontava a nada menos que os primórdios do pensamento grego, e até Aristóteles (a despeito de suas ideias sobre barbarismo) ensinava que os seres humanos compartilhavam, por natureza, um vínculo de afeição uns pelos outros.

§ 12.

A mais perspicaz caracterização de Alexandre emerge, apropriadamente, da análise que Aristóteles propõe do que ele chama de um "homem de grande alma" (*megalopsuchos*), o conceito mencionado no início desta biografia. Diodoro e Plutarco aplicam essa descrição a Alexandre, mas os estudiosos de Aristóteles continuam debatendo até hoje como interpretar as ideias complexas do filósofo sobre essa categoria de indivíduos extraordinários. Deixando de lado os debates filosóficos, a concepção aristotélica desse tipo de ser humano nos ajuda a ver e compreender Alexandre em seu próprio tempo e lugar. O homem de grande alma reconhece sua suprema posição entre os demais e não tem nenhuma tolerância para insultos. É tomado pela fúria diante de pessoas ingratas e desleais. Ansioso por conhecimento, emprega reflexão prática em tudo o que faz, e suporta o infortúnio. É o maior benfeitor dos demais e merece – e espera receber – o máximo respeito em retribuição. A amizade é tão importante para ele quanto sua honra. Suas realizações o elevam ao nível dos deuses.

Por esses critérios, Alexandre era um homem de grande alma. Aristóteles nos diz que tal homem é o melhor, mas não perfeito; pode cometer erros de julgamento. Não é tampouco um homem que viva uma vida de pura contemplação, a escolha que o próprio Aristóteles considerava ideal. O homem de grande alma é um homem de ação, com e para outros; é político, no sentido grego antigo original de "pertencer a uma comunidade de pessoas e agir nela e para ela". Está simultaneamente entre essas pessoas e acima delas. Alcança uma vida assombrosa, no duplo sentido de assombro que Heródoto diz ser a base da história, assombrosa em seus aspectos positivos e negativos. Assim, Alexandre foi assombroso, e acreditamos que ele aprovaria que encerrássemos esta narrativa recordando as palavras de Homero na *Ilíada*, o poema que reputava o mais precioso. Diz o poeta, acerca do grande Aquiles, que ele se empenhou com anseio "para ser sempre o melhor e elevar-se acima dos demais".

Sugestões de leitura

Para Arriano, Cúrcio, Diodoro e Plutarco, assim como para Homero, Eurípedes e Heródoto, as edições Loeb Classical Library (Cambridge, Mass., Harvard University Press) oferecem traduções de leitura agradável, juntamente com a língua original das fontes antigas. Para Justino, ver as traduções de J.C. Yardley: *Justin. Epitome of the Philippic History of Pompeius Trogus* (Atlanta, Scholars Press, 1994) e *Justin, Epitome of the Philippic History History of Pompeius Trogus*, vol.1, livros 11-2: *Alexander the Great*, comentários de Waldemar Heckel (Oxford, Oxford University Press, 1997). Charles A. Robinson, *The History of Alexander the Great*, vol.1 (Providence, Brown University, 1953) traduz os "fragmentos" dos historiadores "perdidos" de Alexandre, isto é, citações e paráfrases de fontes antigas anteriores encontradas em fontes posteriores que sobreviveram.

Os estudos modernos sobre Alexandre são extremamente numerosos e diversos. Waldemar Heckel e Lawrence A. Tritle (orgs.), *Alexander the Great: A New History* (Chichester, R.U./Malden, Mass., Wiley-Blackwell, 2009), p.311-48, fornecem vasta bibliografia. Waldemar Heckel, *Who's Who in the Age of Alexander The Great: Prosopography of Alexander's Empire* (Malden, Mass./ Oxford, Blackwell, 2005) dá breves descrições, incluindo citações de fontes, para muitos indivíduos conhecidos a partir da história de Alexandre. O espectro das interpretações modernas acerca da personalidade e dos objetivos de Alexandre varia do líder visionário que promovia a "fraternidade do homem", imaginado por William Woodthorpe em *Alexander the Great* (Cambridge, Cambridge University Press, 1948), ao quase sociopata aparentemente incapaz de saciar sua sede de sangue, concebido por Ernst Badian em "Alexander the Great and the loneliness of power", em *Studies in Greek and Roman History* (Oxford, Oxford University Press, 1964), p.192-205; e por A.B. Bosworth em *Conquest and Empire: The Reign of Alexander the Great* (Cambridge, Cambridge University Press, 1988) e *Alexander and the East: The*

Tragedy of Triumph, reed. (Oxford, Oxford University Press, 2004). Para relatos mais equilibrados, vale a pena ler, dentre muitas biografias que certamente merecem menção numa lista mais longa: Ulrich Wilcken, *Alexander the Great* (trad. G.C. Richards, notas aos estudos de Alexandre por Eugene N. Borza, Nova York, Norton, 1967); J.R. Hamilton, *Alexander the Great* (Pittsburgh, University of Pittsburgh Press, 1974); Paul Carledge, *Alexander the Great: The Hunt for a New Past* (Londres, Macmillan, 2004); Richard Stoneman, *Alexander the Great*, 2ª ed. (Londres, Routledge, 2004); e Pierre Brant, *Alexander the Great and His Empire: A Short Introduction* (trad. A. Kuhrt, Princeton, Princeton University Press, 2010). Ian Worthington, *Alexander the Great: A Reader*, 2ª ed. (Londres, Routledge, 2012) oferece uma combinação de fragmentos de fontes antigas e interpretações eruditas modernas.

Agradecimentos

Gostaríamos de expressar calorosos agradecimentos a Beatrice Rehl (diretora editorial de ciências humanas, Cambridge University Press) por seu apoio e supervisão desde o início deste projeto; a Amanda J. Smith (editora assistente de ciências humanas, Cambridge University Press), que nos guiou através do processo de apresentação antes de avançarmos para novas aventuras; a Ken Karpinski (gestor de projetos sênior, Aptara) pela maneira clara e receptiva como dirigiu a preparação do manuscrito para publicação; aos revisores anônimos, tanto por suas críticas perspicazes, muito francamente expressas, quanto por seus comentários estimulantes; e a Will Martin, Anne Salloom e Ivy Sui-yuen Sun pelo inteligente auxílio na elucidação de argumentos e na leitura de provas.

Índice remissivo

Academia, 121-2
Acarnânia, 24
Acrópole de Atenas, 220
Ada, 83
Adams, John, 235
Adriático, mar, 238
Aeon Flux, 241
Afeganistão, 77, 111, 134, 141, 149, 150, 154, 168, 227, 238
Agamenon, 48
"agentes funerários", 155
Ágis III, 107, 113
"água da vida", 230
Alauddin Khilji, sultão, 230
Alcmena, 172
álcool, 28, 51-2, 122-8, 162-8, 219, 223
Alemanha, 236
Alemanha nazista, 236
Alexander Senki, 241
Alexandre:
    atitudes romanas em relação a, 227
    chamado "o Grande" pela primeira vez, 227
    exército invasor, 76
    faraó, 104, 131
    ferido, 102-3, 129, 130, 160, 219
    honras divinas dadas pelos gregos, 213-4
    morte de, 223
    nascimento de, 12-3
    profecias, 14
    tumba de, 227
Alexandre I de Épiro, 51, 56-7, 59
Alexandre II, 27-8
Alexandre de Lincéstida, 87-8, 143-4
Alexandria, 216
    às margens do Eufrates, 221
    biblioteca de, 228
    hoje Kandahar, 149, 150
    no Egito, 104, 220, 227
    no Egito, Museu, 227-8
    no Hindu Kush, 181
Alexandria Eschatē, 159
Alexandrópolis, 43
amazonas, 138
Ambhi, 182
Amintas III, 27, 28
Amintas, sobrinho de Filipe II, 30, 62
Amon, 20, 104-6, 170, 192, 200, 219, 221, 228
Amu Dária, rio, 151
Anatólia, 54, 62, 80, 82, 88, 89, 90, 92, 152
Anaxarco, 169-70, 177
Anaxímenes, 83
Anfitrião, 172
Antípatro, 76, 87, 90, 107, 113, 123, 218-9, 223
Aornus, rocha de, 184-5
Apadana, 124
Apeles, 138, 164
Ápis, 104
Apolo, 14, 20, 40, 57, 75, 88, 171
Aquiles, 12-3, 18-9, 25, 48, 70, 72, 79-80, 103, 138, 168, 195, 223, 245, 247
árabe, 231
Arábia, 41, 216, 220
Aracósia, 141, 149
Arcádia, 107
Ária, 141, 150
ariaspianos, 149
Aristóbulo, historiador, 69
Aristógito, 114

Aristóteles, 33-8, 88, 95-6, 97, 121, 125, 127-8, 156, 162, 164, 165, 177, 178, 181, 194, 195, 210, 215, 223, 224, 231, 246-7
armas, 23-4
Arriano, 67-8, 69, 86, 104, 122, 160, 163, 166, 169-70, 180, 182, 183, 194, 205, 208
Arrideu, 54
Artaxerxes III, 54, 104
Ártemis, 15
Arthur, rei, 234
ascetas, 185
Assíria, 202
Átalo, 50-1, 58, 59-60, 61-2, 167
Atena, 79-80, 82, 120, 121, 192, 195, 198
Atenas, 13, 22, 33, 37, 41-7, 73, 114, 120-2, 135-6, 214, 220, 223-4
atitudes romanas em relação a Alexandre, 227
Atlântico, oceano, 225
atletismo, 21
Aúra-Masda, 154, 176

Babilônia, 108-9, 111, 112-3, 208, 214, 219-21
Báctria, 111, 131-3, 134, 141, 150, 151, 154-5, 163-4, 174, 181
Bactro, 154-5, 158, 161
Badian, Ernst, 244
Bagoas, 134-5
Balkh, 154
Bando Sagrado, 45-6, 51
bárbaros, definição de, 12
Barsina, 137, 171, 172, 173, 192
batalha das rãs com os camundongos, A, 108
Batis, 102-3
Beas, rio, *ver* Hifase, rio
Behistun, 163
Bessos, 111, 131, 133, 134, 139, 141, 151, 153, 162-3
Biblioteca de Alexandria, 227-8
biografia, 26, 27
biologia, 122, 203
Bosworth, A.B., 244
botânica, 33, 220

brâmanes, 197, 233
Britânia, 234
British Broadcast Corporation, 239
Bucéfalo, 31-2, 33, 239, 241
Bush, George H.W., 238

Cabeças de Cão, 232
caça, 25, 179
Calano, 187
Calístenes, 88, 169, 177-8, 180
Cambises, 105, 156
Caos, 49
Caracala, 229
Cária, 54-5, 83
Carmânia, 207
carro de guerra, 110
carros de guerra equipados com foices, 109-10
Cartago, 221
Cáspio, mar, 134, 220
Cassandro, 25, 218
Cástor, 164
Cáucaso, 138
cavalaria, 93, 108-11, 131, 160, 188
Celso, 130
Chandragupta, 227
Chaucer, Geoffrey, 234
China, 232
Chipre, 100
Chung, Peter, 241
ciências, 33-4
Cilícia, 91, 92
cínicos, 64
Ciro, 149, 156, 158-9, 202, 206, 209
Cirópolis, 158
cirurgia, 130
cirurgia no campo de batalha, 129, 130
citas, 43, 158-61, 175
Cítia, 41
Cleito, 164-9, 170, 176-7, 183
Cleópatra, esposa de Filipe, 50, 62
Cleópatra, filha de Olímpia e Filipe, 56, 57
Cleópatra VII, 227
Clinton, Hillary, 238

Índice remissivo

Clitarco, 113
colher de Diocles, 130
comédia, 17
comédia romana, 227
"comedores de peixe", 209
"companheiros", 24, 25, 31, 34, 55-6, 91, 111, 134, 144, 151, 195, 210, 211, 217, 222
Conspiração dos Pajens, 179-81
contos de Cantuária, Os, 234
Corão, 231
Corienes, 174
Corienes, rocha de, 174
Corinto, 48, 49, 53, 64, 70, 132, 213
Crátero, 201, 208, 218-9
Creso, 25
Creta, 49
cristianismo nestoriano, 232
Cronos, 49
cunhagem, 119-20, 192, 228-9
Cúrcio, 115, 118, 119, 134-5, 152, 157, 166, 180

Damasco, 94
Danúbio, rio, 43, 65, 66, 67-9, 71
Dario I, 68
Dario III, 69, 78-9, 80, 87, 89-95, 96, 97, 101, 104, 106, 108-11, 117, 121, 129, 131, 139, 162, 163
    carta de, 98, 101
    família de, 95-7, 101, 114, 116, 123, 147, 164, 173, 210
    morte de, 133
Decreto dos Exilados, 213
Delfos, 20, 40, 57, 75, 88, 171
Dêmades, 46, 73-4
Demarato, 53, 74
Democracia Helênica (moderna), 238
Demóstenes, 214
deuses olímpicos, 58-9, 196, 214
Dia da Independência Grega, 239
diadema, 146, 222
Dídimos, 152
Dikē, 170
Diocles, colher de, 130

Diodoro, 40, 41, 45, 71, 171, 182, 223, 225, 246
Diógenes, 64
Diomedes, 194-5
Dioniso, 20, 72, 74, 122, 131, 139, 162, 169, 177, 184, 195, 196, 200, 206, 214, 243
Dodona, 20
drama, 16-7, 18, 60-1, 72, 140, 168-9, 198, 227-8
Drangiana, 141, 208

Ecbátana, 132
Édipo, 61, 71
Éfeso, 14
Egeu, mar, 43
Egito, 41, 77, 97-8, 103-6, 114, 129, 137, 165, 200, 219-22, 225, 231
Elateia, 43
elefantes, 109, 188-91, 192, 197, 201, 227
Epaminondas, 30
Epicteto, 69
Épiro, 12, 15-6, 24, 50-1, 56-7
epirota, língua, 16
Erígio, 151
Escócia, 234
Escópia, 239
escravos, 15-6
Esopo, 51, 95
Espanha, 225
Esparta, 31, 48, 74, 82, 105, 107-8, 123, 136, 139
Espitamenes, 153, 159, 160-1
Estados Unidos, 235-6, 237-8
estátuas de tiranicidas, 114
estoicismo, 69
estradas, 77, 87, 88, 132
estudos islâmicos, 231
Eufrates, rio, 101, 108, 221, 222
Eurípedes, 16, 18, 60, 72, 140, 168-9, 170
    Andrômaca, 168
    Bacantes, As, 72
    Medeia, 60
Europa, filha de Cleópatra e Filipe, 62

falange, 29, 76, 109
Fenícia, 97-8
Fielding, Henry, 235
Filipe, 12, 20, 26, 27-30, 33-4, 39-40, 43-4, 47-50, 51-2, 53, 55-6, 59-60, 128, 139, 164, 213, 214
    Antípatro e, 76
    assassinato de, 59-62, 98, 142-3, 241
    em Queroneia, 73-4
    esposas de, 13-4, 50, 56, 60
    ferido no olho, 53
    pai de Alexandre, 49, 50, 105
    planos para invasão, 54, 57-8
Filipe, médico, 91
filosofia, 17, 33-4, 69, 170, 197
filosofia política, 34
Filotas, 55-6, 142-5
flechas, 130

Gaia, 49
Gaugamela, Batalha de, 109-10
Gaza, 97, 102-3
Gedrósia, deserto de, 203, 205-6, 219
gennaios, 194-5
geografia, 33, 39, 161-3, 197, 200
geometria, 17, 33
Gogue, 231
Golfo Pérsico, 216
Górdio, 86-9
Grande Rei, 39, 58, 77, 78, 89, 90, 98, 110, 123, 124, 131, 176
Grânico, rio, 80, 82
guerra:
    durante o inverno, 65
    naval, 84-5
guerra de cerco, 24, 100, 102, 172-4, 184
Guerra de Troia, 13, 36, 48, 107, 194
Guerra Sagrada, 40, 42, 46, 58
Guerras Persas, 47, 48, 97-8, 114-5, 117, 122, 223

habilidade na equitação, 23
Halicarnasso, 83, 85-6
Hamlet, 234

Händel, Georg Friedrich, 240
Harmódio, 114
Hárpalo, 56, 208
Harran, 108
hebraico, 231
Heféstio, 96, 138, 209, 210, 219, 221, 222
hegemon, 48, 64
Heitor, 103
Helesponto, 42, 78, 79, 121, 201
Helmand, rio, 149
Héracles, 13, 25, 71, 72, 79, 99, 105, 106, 121, 131, 162, 166, 172, 177, 185, 195, 196, 200, 206, 214, 221, 243
    Pilares de, 225
Héracles, filho de Alexandre, 172, 192
Hércules, ver Héracles
Heródoto, 25, 48, 68, 79, 83, 99, 105, 116, 117-8, 127, 156, 158, 163, 231, 247
Hesíodo, 49, 215
hetairoi, ver "companheiros"
Hidaspes, rio, 182, 188, 189, 192, 193
Hifase, rio, 193, 194, 219
Hipócrates, 219
Hiroshi Aramata, 241
história, 17-8
história política, 34
History of the Life of the Late Mr. Jonathan Wild the Great, The, 235
Hitler, Adolf, 236-7, 243
Homero, 12, 18, 24, 36, 37, 58, 70, 79-80, 88, 95, 103, 104, 107-8, 112, 138, 195, 215, 216, 245, 247
hospitalidade, 53
húbris, 79

icor, 215
Idade Helenística, 227
Ilíada, 13, 18, 24, 36-7, 46, 79, 88, 95, 103, 107-8, 138, 155, 194-6, 215, 216, 245, 247
Ilíria, 24, 28-30, 51, 52, 53, 67, 70
ilírios, 13-4
"Imortais", 124
Império Britânico, 238
Império Máuria, 227

Índice remissivo

In the Footsteps of Alexander, 240
Índia, 41, 134, 163, 181-2, 185, 188, 193-4, 201-2, 205, 208, 209-10, 220, 227, 229-30, 233, 238
Indiana, 238
Índico, oceano, 200
Indo, rio, 77, 182, 184, 193, 197-9, 200
Indocuche, 149
Irã, 113, 141, 163
Iron Maiden (banda), 240
Israel, 97
Isso, Batalha de, 93, 94, 97, 107

Jaxartes, rio, 158-9
Jefferson, Thomas, 236
Jerusalém, 232
Jhelum, rio, *ver* Hidaspe, rio
Jogos Olímpicos, 14, 27, 58, 196, 212
Jornada nas estrelas, 242
Josefo, Flávio, 232
Juliano, 230
Juliano, o Apóstata, 229
Júlio César, 26, 228-9, 234-6
Justiça, *ver Dikē*
Justino, 171

kakē kephalē, 51, 167
Kandahar, 149, 150
Khawak, passo de, 151
Khyber, passo, 182
Kipling, Rudyard, 238
kratistos, 35, 186, 223-4, 225

Lâmpsaco, 83
Lei Divina, 170
Leônidas de Épiro, 24
Líbano, 97
Lídia, 25
língua grega, 16-7
Lisímaco de Acarnânia, 24
literatura, 16-8, 21, 24, 25, 33-4, 49, 60, 71-2, 93, 95, 107-8, 137-41, 168, 194-6, 215-6, 228, 230-4
    alemã, 233, 237
    árabe, 231

    cristã, 233
    francesa, 233, 234
    grega, 239
    inglesa, 233
    latina, 232
    mongol, 232
logística militar, 23, 77-8, 80-1, 131-2
Lucano, 229

Macedônia, geografia, 12
Macedônia, República da (moderna), 238-9
magi, 14
Magogue, 231
Málaca, 230
Malaya, 230
malianos, 197, 199, 209
mangá, 241
Maracanda, 159, 164
masságetas, 158-9, 163-4
Mazaces, 104
Mazeu, 111
Média, 144
medicina, 130
medos, 42, 50, 51
Mein Kampf, 236
Mêmnon, 78, 80, 90, 137, 172
Mênfis, 104
mercenários, 107, 182, 207-8, 213
Mesopotâmia, 41, 93, 101, 111, 201
Metona, 40
Midas, 88-9
Midrash, 232
Mieza, 34
Mileto, 83, 85, 152
Mises, Ludwig von, 243
mitologia, 17
mongol, literatura, 232
motim, 194
Movimento Nacional Socialista, 236
MTV, 241
Musas, 75, 228
Museu, 228

Nabarzanes, 134
Nações Unidas, 244
Napoleão Bonaparte, 235
navios de guerra, 77, 78, 83, 84, 89-90
Nearco, 56, 202, 208-9
Nectanebo, 231
Negro, mar, 42-3, 66
Neoptólemo, 79
Nereidas, 79
Nestor, 48
Nezami, 232
Niké, 80, 121, 192
Nilo, rio, 104, 106
Nisa, 184, 185
nó górdio, 88
nomos, 170

Obama, Barack, 239
Obama, Michelle, 239
oceano, 162, 197, 201
Odisseia, 104
Odisseu, 48, 209
Odontotirano, 233
Olímpia, 12-5, 20, 27, 50, 55, 56-7, 60-2, 116, 218, 242
Olimpo, 105
Olinto, 41
Ópis, 216
oráculo, 20-1, 57, 75, 88, 152, 219, 221
oreitas, 203
Otan, 238
Oxiartes, 173-5
Oxus, rio, 151-2

Pancasta, 138
pancrácio, 21-3
pankration, *ver* pancrácio
Paquistão, 134, 141, 181, 240
paradoxo do mentiroso, 187
Parmênio, 13, 55, 62, 81, 91, 101, 102, 111, 123, 132-3, 142, 144, 145, 167
Paropâmiso, 150, 181
parricídio, 60-1
Pārsa, *ver* Persépolis
Pasárgada, 209

Partenon, 220
partos, 229
Patala, 200
Pátroclo, 80
Pausânias, assassino de Filipe, 49-61
pavão, 95
Pela, 16, 49, 53, 56-7
Peleu, 168
Peloponeso, 212
Penteu, 72
Perceforest, 234
Pérdicas III, 27, 28, 62
Pérdicas, general de Alexandre, 223, 225
Péricles, 223
persas na macedônia, 16
Persépolis, 117, 118-9, 124, 125, 128, 129, 131, 132-3, 154, 183, 240
    palácio de, 122, 123-5
Perses, 117
Perseu, 105
Pérsia, 39
    costumes relacionados à bebida, 127
    exército da, 77, 92-3
    marinha da, 85-6, 89-90, 100
    vestuário, 146, 157
Persis, 208, 211, 224
Peucestas, 209, 211, 221
phronēsis, 35, 38
Pilares de Héracles, 225
Píndaro, 18, 25, 73, 105
Pixodaro, 54-5, 143
Platão, 17, 33, 118, 121, 210
Plauto, 227
Plutarco, 26, 31, 32, 33, 37, 55, 60, 64, 71, 75, 130, 137, 138, 140, 147, 166, 168-9, 205, 215, 222, 240, 241, 246
poesia épica, 37, 47-8, 69, 79, 95, 103-5, 107-8, 112, 137, 155, 194-6, 216, 244-5, 247
    africana, 231
    francesa, 233-4
    persa, 231-2
poesia lírica, 73, 105

poligamia, 15
politeísmo, 19
Pólux, 164
Pompeu Trogo, 171
Poro, 188-94, 200, 231, 240, 241
Portões Cilícios, 90
Portões da Pérsia, 117, 125
Posêidon, 79, 88, 201, 214
pothos, 68, 70, 89, 104, 184, 216
Potideia, 13-4
Príamo, 79
profecia, 57
Prophthasia, 149
proskynesis, 147, 179-80
Ptolemeu, amigo e general de Alexandre, 28, 56, 153, 226-8, 239
   historiador, 69
"purgatória, cidade", 233

Quermanchá, 163
Queroneia, 26, 44-7, 50, 73-4, 127

realeza, 37-9, 61-2
regicídio, 60
Reia, 49
Reign: The Conqueror, 241
religião, 19, 154-6, 176, 195-6
retórica, 33
rio Grânico, batalha do, 81-2, 93, 164, 167
rocha de Aornus, 184-5
Rodes, ilha de, 78, 90, 137
Roma, 221
Romance de Alexandre, O, 230-1, 241
Roosevelt, Franklin D., 237
Rossen, Robert, 241, 242
Roxane, 173, 210
Rússia, 232

"sábios nus", 185, 186
sacas, 175
Samarcanda, 159
Sárdis, 83
sarissa, 29, 67, 110
sarracenos, 234

Satibarzanes, 140-1, 150-1
sátrapas, 77
Segunda Guerra Mundial, 237
Seleuco, 226-7
Semíramis, 202, 206, 221
Sêneca, 229
sexualidade, 135-6
Shahnamah, 232
Shakespeare, William, 234
Shatner, William, 242
Sicília, 24, 225
Sikandar (filme), 240-1
Sikander-e-Azam (filme), 241
Sinai, 104
Sir Dária, rio, 158
Síria, 108
siríaco, 231
Sisimitres, 174-5
Siva, 20, 104-5
Sócrates, 33
Sogdiana, 151, 153, 158-9, 163-4, 167, 174
Sogdiana, rocha, 173, 174
status, 22
Stone, Oliver, 242
"Sucessores", 179, 211, 226
Sundiata, 231
Susa, 113-4, 117, 209, 210, 226
symposia, 28, 165

talento, valor do, 119
Talmude, 232
Tarn, W.W., 244, 245
Tarso, 91, 92
Taxila, 185
Taxiles, 182, 188, 191
Tebas, 18, 30, 41, 44-7, 51, 63, 70-4, 105, 114, 151
Tebas no Egito, 105
Temístocles, 223
Termópilas, 117
Tessália, 31, 63, 138
Tigre, rio, 108, 216
tirania, 38
"tirano da Grécia", 72
Tiro, 99-101, 102, 107
Tômiris, 158

tortura, 118, 143, 162
Trácia, 40, 42, 43, 65-7, 87, 107, 112
tragédia, 16, 17-9, 60-1, 71-3, 140-1, 168-9, 198-9
Trajano, 229
treinamento para combate, 21-3, 29-30
tribálios, 66
trirreme, 84
Troia, 36, 79-80, 90, 103, 112, 198
Tucídides, 223, 231

União Soviética, 238
Urano, 49
Uzbequistão, 151

vídeo animado, 241

Washington, DC, 239
Wood, Michael, 239

xenia, ver hospitalidade
Xenócrates, 121
Xenofonte, 93, 108
Xerxes, 79, 114, 117, 118, 152, 223

Yoshinori Kanemori, 241

Zeus, 13, 14, 18, 20, 49, 75, 79, 88, 95, 104-6, 117, 121, 170, 172, 192, 214, 221, 223, 228
zoologia, 33, 121, 203, 220
zoroastrismo, 154, 176, 231
Zoroastro, 154

A marca FSC® é a garantia de que a madeira utilizada na fabricação
do papel deste livro provém de florestas que foram gerenciadas de maneira
ambientalmente correta, socialmente justa e economicamente viável,
além de outras fontes de origem controlada.

Este livro foi composto por Mari Taboada em Dante Pro 11,5/16
e impresso em papel offwhite 80g/m² e cartão triplex 250g/m²
por Geográfica Editora em fevereiro de 2020.